ISBN 978-0-331-36328-9
PIBN 10597989

ESSAI BIBLIOGRAPHIQUE

SUR LA

LITTÉRATURE EXCENTRIQUE, LES ILLUMINÉS, VISIONNAIRES, ETC.

PAR

PHILOMNESTE JUNIOR

(Brunet

BRUXELLES

GAY ET DOUCÉ, ÉDITEURS

———

1880

AVANT-PROPOS

I l y a une quarantaine d'années, un académicien instruit et spirituel, un bibliophile des plus fervents, Charles Nodier, publiait au sujet des écrivains aliénés ou excentriques, deux notices de 10 pages chaque, qui étaient jointes aux numéros 21 et 23 du *Bulletin du bibliophile,* fondé par le libraire Techener et alors à son berceau (1).

_____

(1) Cette publication, bien chère à tous les amis des livres, est encore pleine de vie.

Quelques années avant, Nodier, qui jouait volontiers avec le paradoxe, écrivait : « J'ose dire que s'il y « a encore un livre curieux à faire au monde en « bibliographie, c'est la bibliographie des fous, et s'il « y a une bibliothèque piquante, curieuse et instruc- « tive à composer, c'est celle de leurs ouvrages. »

Développant son idée, l'ingénieux académicien ajoutait :

« J'entends par un livre excentrique un livre qui « est fait hors de toutes les règles connues de la « composition et du style, et dont il est impossible « ou très difficile de deviner le but, quand il est « arrivé par hasard que l'auteur eût un but en « l'écrivant.

« Les livres excentriques dont je parlerai dans « ces pages dont le cadre est extrêmement circon- « scrit, ce sont ceux qui ont été composés par des « fous du droit commun qu'ont tous les hommes « d'écrire et d'imprimer, et il n'y a pas de généra- « tion littéraire qui n'en offre quelques exemples. « Leur collection formerait une bibliothèque spé- « ciale assez étendue que je ne recommande à per- « sonne, mais qui me paraît susceptible de fournir « un chapitre amusant et curieux à l'histoire cri- « tique des productions de l'esprit.

« Il y aurait moyen de donner à un livre de ce

« genre un aspect satirique, en faisant rentrer dans
« cette catégorie toutes les extravagances publiées
« avec une bonne foi naïve et sérieuse par les innom-
« brables visionnaires en matière religieuse, scien-
« tifique ou politique dont nos siècles de lumière ont
« foisonné depuis Cardan et Swendenborg, jusqu'à
« tel écrivain vivant dont je laisse le nom en blanc,
« pour ne point faire de jaloux, mais cette base
« serait trop large, et le bibliographe risquerait de
« s'égarer en la mesurant.

« La liste des fous, restreinte aux fous bien avé-
« rés qui n'ont pas eu la gloire de faire secte, ne
« sera jamais bien longue, parce que la plupart des
« fous conservent du moins assez de raison pour ne
« pas écrire. »

Nodier se bornait d'ailleurs à esquisser trois ou
quatre physionomies, mais d'autres écrivains ont
cherché à aborder avec plus d'étendue le sujet qu'il
indique.

Un érudit allemand, Adelung, a publié sous le
titre de *Geschichte der menschlichen Narrheit*
(Histoire de la folie humaine), un ouvrage en sept
volumes in-12, que nous avons consulté avec profit.
On y trouve d'amples détails au sujet de visionnaires allemands, mais Adelung étend ses recherches
sur divers écrivains, tels que l'Arétin, lesquels ne

doivent pas être rangés dans la catégorie des aliénés.

Un autre allemand, journaliste infatigable, polygraphe actif, bibliographe laborieux. E.-M. Oettinger, né à Breslau en 1809 (1), avait annoncé, sous le titre de *Bedlam littéraire,* un ouvrage qui aurait certainement offert un intérêt très-réel, mais qui n'a jamais paru, à notre connaissance du moins.

Un philologue belge, aussi instruit que judicieux, fixé depuis longtemps à Londres par d'importantes fonctions diplomatiques, M. Octave Delepierre, a dirigé vers les œuvres des aliénés quelques-unes de ces recherches, auxquelles il se livre avec une ardeur éclairée et dont il consigne les heureux résultats dans des livres très justement appréciés (2). Nous avons sous les yeux le volume petit in-4° qu'il a publié sous le titre modeste d'*Essais bibliographiques sur l'histoire littéraire des fous. Londres,* 135 pages.

Nous y avons puisé de fort curieuses informations dont nous avons toujours eu le soin d'indiquer la source.

---

(1) Consulter à son égard le *Dictionnaire des Contemporains,* par Vapereau.

(2) Indiquons entre autres écrits si dignes de figurer dans la bibliothèque de tout amateur de l'histoire littéraire : *Macaroneana, ou Mélanges de littérature macaronique.* 1852; *Analyse des travaux de la Société des Philobiblion,* Londres, 1862; *Revue analytique des ouvrages écrits en contour.* 1868, in-4°; *de la Parodie,* 1873, etc.

Signalons quelques écrits où se trouvent des détails qui rentrent dans le sujet qui nous occupe.

Dans le livre des *Cent et un (Paris,* Ladvocat, 1832), t. V, p. 155-185, on trouve un article intitulé : *Une visite à Charenton,* par M. Maurice Palluy, directeur de la Maison royale de santé. Il renferme des spécimens de lettres d'aliénés.

M. Delepierre indique un travail du docteur Brigham, inséré en 1848 dans l'*American Journal of Insanity,* et intitulé : *Illustration of insanity furnished by the letters and writings of the insane.* Nous regrettons de n'avoir pu le consulter.

Une lettre insérée dans l'*Intermédiaire des chercheurs et des curieux,* t. I (1864), p. 6, dit qu'il se publie dans la plupart des maisons de santé de la Grande-Bretagne, des brochures et des *Reviews* entièrement rédigées par des fous.

« Ces compositions forment aujourd'hui une véri-« table littérature dite des *aliénés,* littérature dont « je me suis beaucoup occupé. » (Voir l'article *Mémoires.)* .

On consultera aussi avec profit la *Psychologie morbide,* par M. Moreau (de Tours), les *Sketches in Bedlam, or Characteristicks of Insanity. London,* 1823, in-8°, et d'autres ouvrages sur l'aliénation mentale qu'il serait trop long d'indiquer.

Un mot maintenant au sujet du livre que nous offrons au public.

De même que les *Livres perdus* et les *Livres à clef*, publiés en 1873, nous en avons pris les matériaux dans les notes innombrables que Quérard avait recueillies ; elles devaient former cette *Encyclopédie du bibliothécaire*, qui, conçue dans un plan trop vaste, ne verra jamais le jour.

Nous avons joint à ces notes quelques développements qu'elles réclamaient ; nous savons mieux que personne, tout ce qu'a d'imparfait l'ouvrage que nous livrons à l'impression, mais nous aimons à croire qu'il sera accueilli avec l'indulgence qu'ont rencontrée ses prédécesseurs. Nous savons qu'on pourrait y ajouter bien des noms d'aliénés plus ou moins fameux, mais les limites à déterminer en pareille matière sont bien difficiles.

A l'égard d'écrivains fort connus dont le cerveau était détraqué, nous avons été très sobres de détails ; à quoi bon redire ce qu'on trouve partout? Nous avons mieux aimé chercher à faire connaître des faits généralement ignorés.

Ajoutons que parmi les ouvrages que nous avons consultés avec profit, figurent l'*Histoire des sectes religieuses*, par le fameux évêque constitutionnel de Blois, H. Grégoire, *Paris*, 5 vol. in-8°, et la *France mystique*, par M. Erdan, 1858, 2 vol. in-8°. Quelques amis des livres ont bien voulu nous transmettre d'utiles informations ; adressons à cet égard, l'expression de notre reconnaissance à un avocat d'Alençon, littérateur distingué, M. L. de la Sicotière, aujourd'hui sénateur.

Nous nous sommes bornés à ce qui concerne la biographie et la bibliographie sans vouloir aborder les questions délicates de médecine légale que soulève la littérature des aliénés ; citons seulement quelques lignes dignes d'attention :

« Les physiologistes commencent fort bien à se « rendre compte de phénomènes qui, pendant long- « temps, ont été traités de jongleries, en signalant « comme imposteurs tous ceux qui prétendent les « avoir éprouvés ou les avoir vus. Non pas assuré- « ment que des charlatans ne puissent simuler des « visions, mais les visions n'en sont pas moins pour « quelques uns des phénomènes spontanés, parfaite- « ment *naturels* et dont les causes sont aujourd'hui « connues. » E. Noel, *Lettre à M. Littré : la Philosophie positive*, mai-juin 1879, p. 425.

ACHÉ (D') ou DACHET. *Tableau historique des malheurs de la substitution. Voroux-Gireux* (près Liège). 1809, 5 vol. in-8°.

Cet ouvrage est devenu introuvable par suite de la saisie qu'opéra la police impériale ; sur 400 exemplaires qui avaient été tirés, trois furent envoyés à divers fonctionnaires, deux laissés par grâce à l'auteur ; tout le reste fut détruit.

Né à Namur en 1748, d'Aché embrassa à l'âge de vingt ans la vie monastique ; il entra dans l'abbaye de Floreffes ; sa tête s'égara ; il se persuada qu'il était le duc de Bourgogne, fils aîné du Dauphin, père de Louis XVI, et par conséquent légitime successeur de Louis XV ; son frère cadet n'était qu'un usurpateur ; il raconte toute son histoire d'une façon aussi prolixe que confuse, et il y joint le récit de son mariage avec sa nièce, fille de Louis XVI.

D'Aché réclamait le baptême tout autant que le trône de France ; il le demandait à toutes les personnes qu'il rencontrait.

Quérard a dit quelques mots de ce personnage dans ses *Supercheries littéraires dévoilées*. t. II. 834, édit. G. Brunet et P. Jannet. Il en est également question dans l'*Essai* de M. Delepierre, p. 123-128.

AGREDA (MARIE D'), abbesse du couvent de l'Immaculée Conception d'Agréda.

Son nom de famille était Coronella. Née en 1602, morte le 24 mai 1665. La solitude du cloître, une imagination exaltée agirent sur son cerveau ; elle s'imagina que Dieu lui était apparu afin de lui ordonner d'écrire la vie de la Sainte Vierge ; il en résulta un très long récit intitulé : *La Mystique Cité de Dieu, miracle de Sa Toute puissance ; abime de la grâce de Dieu*. L'ouvrage eut du succès, et on réimprime encore, de nos jours, la traduction française, due à un récollet (le P. Crozet), de ce recueil de rêveries mystiques, que la Sorbonne censura en 1646 et que Bossuet désapprouva vivement (1).

Indiquons quelques éditions récentes :

(1) Voir le *Journal des Savants*. 1696 ; Grégoire, *Hist. des sectes religieuses*, t. I. p. 363 ; Germond Delavigne, *Etudes sur l'Espagne, Marie d'Agréda et Philippe IV*, dans la *Revue de Paris*, n° du 15 décembre 1854.

Nouveau mois de Marie d'après la vénérable Marie de Jésus d'Agréda, par l'abbé Ricard. *Paris*, 1868, in-32.

Vie mystique de la très-Sainte-Vierge Marie, ou abrégé de la Cité mystique... avec une notice, par l'abbé Boulleau, 5ᵉ édit. *Paris*, 1868, in-12.

Vie du glorieux patriarche Saint Joseph, extraite des révélations de la vénérable Marie de Jésus et traduite de l'espagnol, par Augusta Cairon, 2ᵉ édit. *Paris*, 1870, in-18.

ALBIZZI (Barthélemy), franciscain, mort en 1401.

Il faut bien ranger parmi les écrivains dont la tête n'était point parfaitement saine, l'auteur du célèbre traité : *Liber conformitatum Sancti Francisci cum Christo;* la première édition vit le jour à Milan en 1510; la seconde, mise au jour en 1513, offre le même texte; elles seules peuvent être recherchées, car elles renferment des détails qui ont été retranchés dans les impressions suivantes, leur absurdité ayant paru par trop forte (1). Les réformés saisirent avec empressement l'occasion de se moquer d'un livre extravagant dont ils voulurent rendre responsable l'Eglise romaine; Conrad Badins fit paraître à Genève en 1556, l'*Alcoran des Cordeliers*, « tant en latin qu'en françois, c'est-à-dire. Recueil des plus notables bourdes et blasphèmes de

(1) Bononiæ, 1590; *ibid.* 1620, et en abrégé, *Coloniæ*, 1623, in-8°.

ceux qui ont osé comparer Saint François à Jésus-
Christ »; c'est une traduction, plusieurs fois réimprimée (1) de l'*Alcoranus Franciscanorum* qui parut à
Francfort en 1542 et dont on connaît aussi diverses
éditions.

M. J. Ch. Brunet fait observer (*Manuel du
Libraire*, III, 1053) qu'un cordelier espagnol a fort
renchéri sur Albizzi, lequel n'avait su trouver que
quarante conformités entre Jésus-Christ et son saint
patron, tandis que le Père Pierre de Alva en énumère quatre mille dans un in-folio publié à Madrid
en 1651 : *Naturæ prodigium et gratiæ portentum,
hoc est Seraphici P. Francisci vitæ acta ad
Christi Domini vitam et mortem regulata et coap-
tata.*

ALETHÆUS, (Th.)

Polygamia triomphatrix. Lundini Icanorum,
1682, in-4°.

Le véritable nom de l'auteur de ce plaidoyer en
faveur de la polygamie était Jean Lyser; dévoué à
l'idée qu'il avait embrassée, il parcourut une partie
de l'Europe, mal accueilli partout. Le roi de Dane-
marck, Christian V, fit brûler le livre et fit signifier
à l'auteur qu'il le ferait pendre s'il s'emparait de sa
personne. Bayle (*Œuvres diverses*, II, 257) dit que

---

(1) Une autre édition, Amsterdam, 1734, 2 vol. in-12, est recherchée
surtout à cause des 21 figures qu'elle renferme et qui ont été gravées
par Bernard Picart.

l'entêtement de Lyser surprend d'autant plus qu'une seule femme l'aurait fort embarrassé.

Voir : le *Manuel du Libraire*; la *Bibliothèque curieuse* de David Clément, t. I, 170-175, le *Dict. des livres condamnés* de Peignot, t. I. p. 273. L'ouvrage fut condamné au feu, il en avait paru une édition antérieure, et moins complète. *Friburgi*. 1676, in-8°; elle a neuf titres et autant de dédicaces à des rois différents.

L'illustre *Leibnitz* n'était pas défavorable à la polygamie (voir : *Annales de philosophie chrétienne*, mars 1858); Delamy, *Reflections on the polygamy und the encouragements given to this practice in the Old Testament*; Rantzow, *Discussion sur la polygamie*. Saint-Pétersbourg, 1774, in-12.

Nous connaissons deux auteurs anglais qui se sont prononcés en faveur de la thèse soutenue par Lyser; Martin Madan, docteur en théologie qui, dans un livre intitulé : *Thelyphlora*, employa, en 1780, trois gros volumes, à démontrer que la polygamie, autorisée par la loi judaïque, ne pouvait être interdite aux chrétiens (1); sir Arthur Stephen Brookes dans ses *Sketches of Spain and Moroceo*.

Nous ne connaissons que de titre l'ouvrage de Garcia de Trasmicra : *De polygamia et polyviria, libri* III. Panhormi, 1638. Un littérateur français, refugié à Berlin. Le Guay de Premontval, fit

---

(1) Voir Nicholz, *Anecdotes of litterature*; l'ouvrage de Madan fut supprimé, et il n'en subsiste plus, dit-on, qu'un très petit nombre d'exemplaires.

paraître en 1751, 2 volumes sur la monogamie qui firent quelque bruit et provoquèrent des réfutations.

Nous n'avons pas besoin de rappeler que de nos jours aux États-Unis, la polygamie fleurit avec éclat chez les Mormons; l'Asie et l'Afrique en offrent aussi de brillants exemples; bornons-nous à citer Salt. (*Voyage en Abyssinie*, cité par Ritter, *Afrique*. I. 286); il dit avoir connu un Abyssinien qui comptait 40 femmes et qui avait plus de 100 enfants.

Allix (Jules).

Homme politique excentrique, membre de la Commune de Paris en 1871, né à Fontenay (Vendée) en 1818. En juillet 1871, il a été transféré dans une maison de fous.

Le Catalogue général de la librairie française, 1866-1876, publié par M. Otto Lorenz, indique trois brochures dont il est l'auteur :

Curation de l'aliénation mentale. Introduction. *Paris*, 1867, b. in-8°.

Curation de l'aliénation mentale. Lettre au Sénat. *Paris*, 1867, in-8°.

Socialisme pratique. La Commune sociale. Ordre du jour de Belleville *Paris*, 1869, in-8°.

On remarquera ces études relatives à la folie de la part d'un homme que l'aliénation devait complètement atteindre.

ALLUT (Jean).

Illuminé des Cévennes qui se réfugia à Londres et qui y fit paraître plusieurs écrits inspirés par un fanatisme en délire : *Essai sur les lumières descendant sur la terre; Plan de la justice de Dieu*, etc. Le *Manuel du libraire* en donne les titres, il renvoie au *Dictionnaire des anonymes* de Barbier, et à la *Biographie universelle*, supplément et seconde édition.

ANGOULEVENT, nom sous lequel était connu Nicolas Joubert, qui avait le titre de *Prince des sots*.

Il soutint en 1608 au sujet de ses prérogatives un procès que le Parlement de Paris jugea le jour même du Mardi-Gras comme étant une de ces *causes grasses* (1) dont la magistrature daignait alors s'occuper; le *Manuel du libraire*, à l'article « Prince des Sots » indique six pièces relatives à ce procès commencé en 1605 et qui n'est point sans intérêt pour l'histoire du théâtre à cette époque. (Voir l'*Histoire du théâtre françois*, par les frères Parfaict, t. III, p. 250; Dreux du Radier, *Récréations histo-*

---

(1) Voir dans une publication des plus intéressantes : *Annales de la Faculté des lettres de Bordeaux*, (1ᵉ livraison, 1879), une notice fort curieuse de M. Th. Froment sur une cause grasse plaidée à Grenoble en 1609; l'avocat général Expilly prononça un discours très singulier que ce grave magistrat a pris soin de conserver.

riques, I. 40 ; de la Place. *Choix des Mercures*,
t. 56, p. 158).

Le *Manuel* indique, t. I, 296, divers opuscules
relatifs à Angoulevent ; un d'eux raconte « sa sur-
prise et fustigation par l'archi-poète des Pois pillez » ;
elle a été reproduite dans les *Variétés historiques
et littéraires*, t. VIII, p. 81. Voir aussi t. VII, p. 37.

Ce nom avait d'ailleurs été porté par d'autres
farceurs antérieurs à Angoulevent, car on le rencontre dans une facétie publiée en 1530.

Il existe un recueil de pièces fort peu décentes
intitulé : *Les Satyres bastardes et autres Œuvres
folastres du cadet Angoulevent*. Paris, A. Estoc,
1615, petit in-12, 2 et 164 feuillets. Ce sottisier,
formé de morceaux empruntés à divers auteurs, fut
mis sur le compte d'Angoulevent, afin d'allécher les
acheteurs ; les bibliophiles le recherchent avec
empressement, il a été payé 151 francs, vente
Nodier, en 1844, et 455 francs, H. de Ch. en
1863 ; il a eu les honneurs, qu'il ne méritait nullement, d'une réimpression publiée à Bruxelles en
1863, sous la rubrique de Quimper Corentin (in-18,
188 pages) à 106 exemplaires dont 2 sur peau vélin.

ARISTIPPE (Jean-Justin).

L'homme, ode. Bordeaux (vers 1830), in-8°, 20 p. 8 fr.

On trouve au Catalogue du libraire Claudin, de
Paris, 15 octobre 1863, n° 18882, un exemplaire de
cet opuscule ; chaque feuillet est teint au pinceau

d'une couleur différente, par l'auteur qui a apposé en tête cette note singulière : « les exemplaires vélin fin se trouvent dispersés ; l'auteur a colorié celui-ci comme opuscule philosophique et ayant des additions de la main de l'auteur ; on l'évalue jusqu'à 350, jusqu'à 500 francs, minimum 225. Il pourra encore en colorier un second, mais il n'aura pas d'autre volonté. *J.* Mignon Degallier. »

Cet excentrique se nommait Demonvelet ; il s'avisa de changer son nom en celui de Degallier ; il explique poétiquement le motif de ce changement :

> Tu quittes Demonvel ! Et pourquoi cette envie ?
> Je chéris la patrie
> Et je veux prendre dès l'instant Degallier.

ARNOLD (GOTTFRIED).

Illuminé allemand qui se laissa emporter par l'exaltation d'un mysticisme exagéré ; le clergé luthérien le censura vivement ; le catalogue Ouvaroff (nos 98-99) indique deux ouvrages : *les Secrets de la Sophie ou sagesse divine exposés et révélés.* Leipzig, 1700, in-8° XVI, 192 et 351 pages ; *Tableau fidèle du christianisme intérieur.* Leipzig, 1733, XX. 168 et 16 fts.

ARCILLA.

C'est à M. Delepierre que nous devons la connaissance de ce personnage ; il était professeur à l'université de Salamanque vers le milieu du XVIᵉ siècle, lorsque son cerveau se dérangea.

« Son idée fixe était que les annales, telles que
« nous les avons des Egyptiens, des Juifs, des
« Grecs et des Romains, avaient été composées par
« des insensés et que les hommes avaient existé de
« toute éternité. Dans l'espoir de ramener quelque
« calme dans cet esprit malade, ses amis consen-
« tirent à faire imprimer un livre intitulé : *Divinas*
« *Flores historicas* et contenant un résumé de ces
« rêveries. »

Arson, banquier à Nice.

Il se posa en apôtre d'une espèce de religion mé-
tempsycosiste et humanitaire. Donnons une citation d'un de ses écrits :

« Je dépose les adieux que je fais aux humains
« jusqu'à mon nouveau retour à la vie en ce monde,
« par voie naturelle et avec conscience de ce retour
« au plus tôt, si Dieu veut, jusqu'à la prochaine
« reprise par voie surnaturelle, et dans ce dernier
« cas, lors de mon actuelle vie sur cette même terre,
« et sous la même forme corporelle dont je me
« trouve revêtu cette fois-ci, forme que je laisserai
« en dépôt sous la garde de la Providence dans
« mon champ actuel comme un tombeau consola-
« teur de mon âme léthargiquement endormie qui,
« retrouvant autour d'elle à son prochain réveil, et
« à la disposition de sa mémoire, tout ce qui déter-

« minait ses actions dans sa présente vie, la rendra
« éminemment apte à servir entièrement l'humanité
« en continuant la mission céleste qui lui a été con-
« fiée, et en commençant à faire une application
« manifeste des sublimes vérités salutaires que la
« Providence a permis à son mandataire de promul-
« guer en nos temps par une annonce qui, laissée
« par lui pendant que son soleil vital, plongé dans
« les ténèbres d'une nuit apparente, sera comme le
« flambeau qui a éclairé son apparition prophétique-
« ment effective au milieu de nous. »

Il serait très inutile de donner un plus long spécimen de ces divagations.

Arson fut le protecteur du mathématicien illuminé
Wronski (Voir ce nom), qui lui donna des notions
au sujet de l'*infini* et de l'*absolu* ; mais au bout de
quelque temps une rupture survint entre le maître
et l'élève ; Wronski publia contre son disciple des
pamphlets très violents (un d'eux est intitulé : *Mémoire pour servir à la découverte d'un des plus
grands fourbes qui aient jamais existé*). Il l'assigna
en payement d'une somme de 200,000 francs, prix
auquel il estimait la science qu'il avait révélée,
mais il perdit son procès.

ASGILL (JOHN), jurisconsulte irlandais.

Publia à Dublin, en 1698, un livre destiné à soutenir qu' « according to the covenant of eternal Life,
revealed in the Scriptures » les hommes pouvaient,

sans passer par l'épreuve de la mort, entrer dans la vie éternelle. » Cette idée excentrique souleva des orages ; Asgill fut expulsé du Parlement irlandais dont il était membre, et où il n'avait siégé que quatre jours. Il passa en Angleterre, fut nommé membre de la Chambre des Communes, mais le rival qu'il avait battu remit sur le tapis l'affaire du malheureux livre qu'on avait oublié, et le pauvre Asgill fut derechef éconduit. Southey, dans la seconde partie du livre étrange intitulé : « the Doctor » (1834, 7 vol.), parle de cet étrange personnage ; voir aussi Allibone : *Critical Dictionnary of english Literature*, 1859, p. 71.

ATTARDI (FR.), de Palerme.

Il est auteur d'un traité intitulé : *Filosofia dell' imortalita* (Palerme, 1875, 92 pages), dans lequel il cherche à établir la possibilité de l'abolition de toute mort naturelle ou violente. Il établit son système sur des arguments métaphysiques qu'il développe avec le plus grand sérieux : « L'être, l'intelligence, l'activité, sont les trois éléments constitutifs de la durée ou de la vie ; l'intelligence finie qui contient en elle le rapport du multiple fini au multiple absolu, a le droit de développer à l'infini sa propre durée. » Partant de principes aussi clairs, l'auteur arrive à établir que l'homme sera physiquement immortel quand il voudra. On pourrait demander comment la terre suffira à recevoir et à nourrir tous les habitants qui s'entasseront sur sa surface, lorsque la mort aura disparu. M. Attardi répond sans sourciller à cette objection; rien ne l'embarrasse. Son livre (que nous ne connaissons d'ailleurs que par la mention faite dans le *Polybiblion, Revue bibliographique universelle*) est un pur délire, mais il en vaut bien d'autres dont les auteurs, philosophes profonds, ont acquis, l'esprit de parti aidant, une certaine renommée.

Aulis.

Instituteur, né à Crouttes (Orne), en 1826; il était en 1864, détenu dans l'hospice des aliénés de ce département, à ce que nous apprend l'*Intermédiaire* (I. 185) lequel ajoute · « Il a composé et « compose encore une prodigieuse quantité de vers « sur toutes sortes de sujets. Le commencement « des pièces est parfois passable, mais il tombe « bientôt dans les divagations, les incohérences, « les absurdités, tout en gardant une sorte de « rhythme ou de prosodie. Il a également la manie « d'écrire en prose. »

Avertissement véritable et assuré au nom de Dieu, 1827, in-32.

Nous avons le regret de n'avoir jamais rencontré cet opuscule, certainement fort rare; il est l'œuvre d'un illuminé qui se dit le fils *de l'homme* et qui promet de ressusciter au bout de trois jours, après s'être fait jeter dans l'eau à Marseille, attaché par

des chaînes de fer à une grosse pierre. Nodier possédait un exemplaire de ce livret sur papier de
chine; il a été payé 24 francs à la vente de 1829,
n° 66.

BAADER (Franz).
On a de ce personnage quelques ouvrages
en allemand; *l'Esprit et la Vérité, ou la
Religion des élus.* Strasbourg, 1816, in-8°, XVI,
224 pages. — *Et son nombre est* 666; *Explication
sommaire de l'Apocalypse,* ch. XIII, 18. — *L'Ange
volant à travers le ciel avec l'Evangile éternel.*
Leipzig, 1817 (ces deux derniers écrits sont dirigés
contre la papauté).

BANDARRA (Gonzalès).
Savetier à Lisbonne au xvime siècle, se persuada
qu'il était prophète, et l'Inquisition, qui n'entendait
pas raillerie à cet égard, le jeta dans ses cachots,
mais, cédant à un sentiment d'indulgence peu habituel, elle ne le brûla point; elle se contenta de le
faire paraître en 1541 dans un auto-da-fé, revêtu du
San-benito. Le pauvre fou se le tint pour dit, et
renonça à annoncer l'avenir; il mourut en 1556.

BARREAU.
Un des apôtres du Saint-Simonisme; prit part à

toutes les excentricités que ces novateurs débitèrent
après la révolution de juillet. On lui doit : *Le Com-
pagnonnage de la femme* (en vers. *Lyon*, 1833) et
quelques autres écrits du même genre indiqués dans
la *Bibliographie Saint-Simonienne* de M. Fournel ;
ils sont évidemment l'œuvre d'un cerveau dérangé.

Indiquons une autre excentricité du même genre :
*Les Compagnons de la femme au peuple et à tout
le monde* (par Auguste Colin, de Marseille). Dijon,
juin 1833, in-32, 16 pages.

BASTON (L'ABBE).

Ce fut un personnage distingué, instruit, écrivain fécond. Né à Rouen en 1741, nommé évêque
de Séez en 1813, il dut, quelques années plus tard,
sous la Restauration, prendre sa retraite, à cause
de ses idées libérales ; il mourut en 1825. Toute sa
vie, il fut sujet aux hallucinations les plus étranges,
hallucinations, visions, prévisions, etc , mais ce qui
donne à ces phénomènes un intérêt tout spécial, c'est
qu'ils sont rapportés par celui même qui les éprou-
vait. Baston a laissé sur sa vie quatre volumes de
Mémoires inédits, fort intéressants ; M. Canel en a
fait usage dans sa curieuse *Notice sur la vie et les
écrits de l'abbé Baston.* publiée en 1861 à Rouen.

Dès l'âge de sept ans Baston avait eu des visions
qu'il a parfaitement rapportées dans ses *Mémoires :*
" Pensez-en tout ce que vous voudrez, mais je dis
" la vérité ; j'ai vu, je m'en souviens comme si c'était

« hier ; j'ai encore sous les yeux l'effrayante appa-
« rition. »

Il était *averti* des années à l'avance de ce qui
devait lui arriver ; « j'ai eu beaucoup de pressenti-
« ments en ma vie ; tous ont été distincts, et aucun
« ne m'a trompé. »

Parfois chez lui, on trouve le *voyant* ; au moment
d'entrer dans une église qu'il n'a jamais vue, le *sou-
venir* lui revient subitement de tout l'intérieur de
l'édifice et il reconnaît, en entrant, qu'il ne s'est
pas trompé.

Nous avons donc quelque droit de placer, à certains égards, l'abbé Baston dans notre galerie ; les
faits que nous signalons, nous les empruntons à une
lettre de M. Eugène Noël, adressée à M. Littré :
la Philosophie positive, mai-juin 1879, p. 419-425.

Beffroy de reigny.

Fécond et excentrique écrivain qui prit le nom
de Cousin Jacques ; né en 1757, mort en 1811. Il
publia un journal, *les Lunes*, qui eut quelque succès.

Il écrivit beaucoup pour les petits théâtres ; une
de ses pièces : *Nicodème dans la lune, ou la Révolution pacifique*, eut plus de 400 représentations.
Un de ses écrits : *la Constitution dans la lune*,
1793, présente des idées justes, mêlées à bien des
folies. Oublié avant sa mort, le Cousin Jacques est
devenu ce que deviendront bien d'autres auteurs
qui, de nos jours, font du bruit, la proie du néant.

Voir le très curieux ouvrage de M. Monselet, *les Oubliés et les Dédaignés* (1857, t. I, pp. 177-250).

Beek (Joachim).

Visionnaire allemand qui se posa en prophète et qui publia, avec son nom, à Amsterdam, en 1701, un vol. in-8° de 391, XXXIII p., dont le titre peut se traduire comme suit : *In nomine sem, Excidium Germaniæ, c'est-à-dire, avis véritable et sincère de l'accomplissement des signes de l'Ancien et du Nouveau Testament montrant que la colère de Dieu frappera l'Allemagne de l'épée, de la guerre, de la famine et de la peste.*

Bengel (Jean-Albert).

Théologien luthérien, né en 1687, mort en 1751 ; ses travaux sur le texte grec du Nouveau Testament, sur Cicéron, sont estimables, malheureusement sa tête s'exalta ; il s'avisa de prophétiser, de fixer la date de la fin du monde ; il consigna ses absurdités à cet égard dans divers ouvrages allemands ou latins. (*Monitum de præjudicio hermeneutico accurationem Apocalypsos explicationem... Cyclus, sive de anno magno solis....... ad incrementum doctrinæ propheticæ.* 1745, in-8°. Les prédictions de Bengel s'étendent jusqu'à l'an 2000.

BERBIGUIER (CH.-AL.-VINCENT).

Né à Carpentras en 1764, mort en 1851, dans l'hospice de sa ville natale, s'est placé dans la catégorie des fous littéraires, grâce à son livre intitulé : *Farfadets, ou tous les démons ne sont pas de l'autre monde* (Paris, 1821, 3 vol. in-8"). La dédicace est d'une originale fierté : « A tous les souverains, rois, empereurs, princes des quatre parties du monde. »

Nous lisons dans la *Bio-bibliographie vauclusienne*, de M. Barjavel. « Les phrénologistes attri- « buent ces trois volumes à l'action inévitable d'un « organe encéphalique placé aux parties supérieures « et latérales du front, et limitrophe de la *vénéra-* « *tion*, de l'*imitation*, de l'*imagination* ou *idéalité*, « de la *gaîté* et de la *causalité*. Cet organe est « celui de la *merveillosité*. Berbiguier le possède « d'une manière assez prononcée ».

Le discours préliminaire (89 pages), est de François-Vincent Raspail; la chanson qui termine le troisième volume, de J.-B.-Pascal Brunel, avocat. La forme littéraire de l'ouvrage est entièrement de ces deux écrivains. (R. Reboul. *Anonymes, pseudonymes, et supercheries littéraires de la Provence.* Marseille, 1879, p. 57).

M. Champfleury qui a consacré à Berbiguier un chapitre de son livre sur les *Excentriques* (p. 68), a reproduit d'après un témoin auriculaire quelques échantillons de la conversation de cet halluciné qui ne parlait guère que par aphorismes. — Dieu est bon : les farfadets sont méchants. — La pie voleuse était un farfadet. — Les prêtres sont toujours en butte aux persécutions des farfadets. — Les farfadets (ceci devient grave) rendent les femmes enceintes à leur insu. — Les insectes connus sous le nom de puces, sont très souvent des farfadets.

Pour Berbiguier, tout se résume en farfadets. Un chat tombe du toit, farfadets. Le bois craque dans le feu, farfadets. La fumée sort de la cheminée, farfadets. Il enrichit la langue de mots nouveaux : *farfaderiser*, *farfadérisme*. Il fit prisonniers quelqúes-uns de ses ennemis qui se posaient sur ses vêtements en les piquant avec une épingle et il les enferma dans des bouteilles remplies d'eau infusée de tabac, de poivre et d'autres aromates. Il savait très bien que les farfadets prennent souvent la forme d'un chat, et comme Jean-Jacques Rousseau, il voulait réformer l'éducation.

Il se pourvut auprès du garde des sceaux pour avoir l'autorisation d'ajouter à son nom : *de Terre Neuve du Thym* ; parce qu'il avait l'intention d'acquérir un petit terrain inculte où il planterait du thym, plante favorable aux conjurations.

BERNARDI (Giuseppe).

Médecin italien, indiqué par M. Delepierre ; il publia en 1529, à Florence, un traité de l'*Anatomie du langage* qu'il avait écrit pendant sa détention

dans un hospice d'aliénés. « Entre autres idées
bizarres, il soutenait que toute la race des singes
« jouissait de la faculté de la parole, mais qu'elle
« était très jalouse de garder le secret de ce don. »

Beverland (Adrien).

Cet Hollandais, auteur du fameux traité : *État de
l'homme dans le péché originel* (traduction libre du
Peccatum originale. 1678), n'avait pas la tête bien
saine; nous n'avons pas à redire ce que tous les
Dictionnaires biographiques apprennent sur son
compte.

Consulter Niceron, *Mémoires*, t. XIV et XX.
D. Clément. *Bibl. curieuse*, t. III. Adelung, t. I,
pp. 20-41 ; d'Artigny, *Mélanges*, t. III ; le *Chef-
d'œuvre d'un inconnu*, édition de Leschevin, t. II,
p. 459. Du Roure. *Analecta Biblion*, t. II, p. 436.

L'*Année littéraire*, 1755, t. IV, 139, signale un
autre livre du même genre : *Eclaircissement sur le
péché originel*, par le chevalier de C. Adelung, dit
que Beverland a laissé un exemplaire accompagné
d'additions nombreuses pour une édition nouvelle
et que cet exemplaire faisait partie de la bibliothèque du comte de Bunau, achetée par l'Électeur
de Saxe.

Agrippa et Fludd avaient, avant Beverland,
émis des idées analogues aux siennes (1), et quel-

_____

(1) Beyer, *Memor. libr. rarior*, 1734, p. 32, parlant de Fludd et de
Beverland ajoute : « *Antonia Bourorignonia*, eamdem in scriptis sms »

ques rabbins n'en étaient pas éloignés (1).Voir Bartolocci, *Biblioth. rabbinica,* III, 391 ; Bayle, art. *Eve,* La Monnoye dans le *Menagiana,* III, 449 ; une note de l'édition *Variorum,* de Rabelais, t. VI, p. 360.

Un ouvrage fort savant et parfois étrange : *Nimrod, a Discourse on certain Passages of History and Fable* (2), contient sur certaines idées des sectes gnostiques (notamment des Archontes) et des Musulmans, des détails curieux. D'après des auteurs arabes, le serpent avait quatre pattes, des ailes, et il était d'une beauté imcomparable. Ajoutons qu'on lui a donné un visage de femme : *eligit, ut ait Beda, virgineum vultum.* Vincent de Beauvais : *Speculum naturale,* l. LXX, c. 68. Quelques artistes ont reproduit cette idée.

Qu'il nous soit permis de placer ici quelques passages d'une lettre que nous adressait, au sujet des questions que soulève le livre de Beverland, un infatigable liseur.

Il y aurait bien des observations à faire, bien des idées à soulever au sujet de la forme que prit le ser-

---

« ingressa est viam ; ingenii tamen per tantum modo longe absurdiori « in lucem edictit, scilicet asserendo Adamum loco pudendorum « habuisse nasum. »

(1) C'est l'avis de Rabbi Zahira. Voir Nork, *Braminen und Rabinen.* Neissen, 1836, in-8°, cité par Rosenbaum, *Geschichte der Lustseuche,* I, 48. Dans le *Mémorial d'un mondain* (par le comte de Lamberg), on lit ce que disait trop crûment un improvisateur florentin. D'Herbelot (*Biblioth. orientale,* 1697, p. 277, cite des écrivains qui avancent que le serpent tentateur est relégué a Koufish sur l'Euphrate.

(2) *London,* 1826 ; 4 vol. in-8°. Attribue au *reverend* Herbert Algernon.

pent. Des artistes lui ont donné, les uns le visage
d'un jeune homme, les autres celui d'une jeune fille ;
il est représenté avec deux têtes dans un manuscrit
italien, conservé à la Bibliothèque nationale de
Paris ; une de ces têtes regarde Ève, l'autre Adam.
M. Didron a reproduit cette étrange illustration : *Annales archéologiques*, t. I, p. 74. Cet
archéologue a parlé aussi de l'arbre du bien et du
mal : *Manuel d'iconographie*, p. 80. Une peinture
du cimetière Saint-Maclou à Rouen, représente le
serpent avec la tête et le buste d'une jeune femme.
Voir Langlois, *Danses macabres*, t. I, pl. 5.

D'après les Cathares du moyen-âge, le mauvais
principe plaça Adam et Ève dans son faux paradis,
en leur défendant de manger le fruit de l'arbre de la
science qui n'était autre chose que la concupiscence
charnelle dont il provoqua lui-même l'éveil en pro-
voquant Ève sous la forme d'un serpent, il parvint
ainsi, par l'union des sexes, à propager le genre
humain. *Journal des Savants*, 1852, p. 274, compte-
rendu de l'ouvrage de Schmidt.

Dom Calmet, dans sa *Dissertation sur le péché
originel*, expose les idées des rabbins.

M. Guiraud *(Philosophie naturelle de l'histoire)*,
avance que le fruit de l'arbre défendu prépara le
péché originel ; la multiplication matérielle de l'espèce humaine en fut le résultat.

Hamza, le prophète des Druses, fait intervenir le
paon dans la tentation d'Adam et d'Ève. Suivant
quelques traditions musulmanes peu connues, Satan

se montra à Ève sous la forme d'un serpent, à Adam sous celle d'un paon, d'autres affirment qu'il apparut à Adam seul sous sa forme angélique (Silvestre de Sacy, *Exposé de la religion des Druses,* t. II, p. 151).

Les Gnostiques ont débité bien des fables à cet égard; Caïn (et Abel aussi selon quelques-uns), devaient le jour au commerce d'Ève avec Satan; Seth avait été le seul fils d'Adam. Pierre le Mangeur (Petrus Comestor) avance que le serpent marchait debout comme l'homme.

BLAKE (WILLIAM), peintre, graveur et poète, né en 1757, mort en 1828.

Il avait un talent remarquable, de la vigueur dans l'invention, mais il se laissa aller à un illuminisme qui troubla sa raison; il croyait voir et entendre des êtres surnaturels, des personnages célèbres; il les reproduisait avec le crayon et les gravait ensuite. De là l'obscurité, l'étrangeté qui dominent dans la plupart de ses compositions, recherchées en Angleterre et fort peu répandues en France. Lowndes *(Bibliographer's Manual,* p. 215), en indique une quinzaine, entre autres : *Amérique, une prophétie.* 1793. 18 planches; *Europe, une prophétie.* 1794. 17 planches; *les Portes du Paradis,* 16 planches; *le Mariage du ciel et de l'enfer.* 1800; *le Livre de Thiel.* 1789. N'oublions pas 7 planches, grand in-fol. pour illustrer Dante et 21 planches pour le livre de Job. Voir Cunningham *Lives of bri-*

tish Artists, et la *Nouvelle Biographie générale*
(Didot), t. VI, p. 178.

Citons quelques-unes des appréciations dont cet
artiste a été l'objet :

« Je regarde Blake comme un des personnages
« les plus extraordinaires de l'époque ; il reproduit
« dans d'admirables aquarelles, des visions enfan-
« tées par son cerveau et qu'il affirme avoir réelle-
« ment vues » (Charles Lamb).

« La seule vision originale et neuve des *Anges*
« dont parle l'Ecriture, est celle que nous donne
« Blake, poète et peintre, un peu fou, dit-on, mais
« sa folie ne serait-elle pas le télescope de la vérité,
« une sorte de clairvoyance poétique qui rapproche
« de lui, plus que de tout autre, le monde invisible ? »
(Mss Jameson).

BLANNBECKIN (Agnès).

Religieuse autrichienne qui vivait à Vienne, à
l'époque de l'empereur Albert Ier. Sa *Vita* et ses
Revelationes furent rédigées par un franciscain, son
confesseur, et imprimées en 1731. in-8°, 456 pages
(*Vienne, P. C. Monath*). Ce livre, rempli d'absurdités ridicules, fit scandale ; il fut supprimé, et il est
devenu fort rare ; il contient une seconde partie :
*Pothonis presbyteri liber de miraculis sanctæ Dei
genitricis Mariæ*. C'est un amas d'extravagances.

Une célébrité peu désirable s'est attachée au nom
de Blannbeckin ; dès 1735, Adrianus Pontius consa-

crait à son livre une *Epistola*, publiée à Francfort ;
depuis, plusieurs bibliographes s'en sont occupés ;
voir Peignot, *Dict. des livres condamnés*, t. I,
p. 36 ; les *Procès-verbaux* (en allemand) *de l'Académie de Vienne*, janvier 1849 ; le *Bulletin du bibliophile*, XIIᵉ série, p. 683 ; le *Bibliophile*, Londres,
1ᵉʳ janvier, 1863.

BLUET D'ARBERES (BERNARD).

Il s'agit ici d'un des plus célèbres des fous littéraires, bibliographiquement parlant ; il s'intitulait :
comte de Permission,. chevalier des ligues des
XIII cantons suisses. Il a eu l'avantage d'appeler
l'attention de quelques écrivains d'élite qui s'en sont
occupés avec un vif intérêt.

M. Delepierre lui a consacré en 1857, dans les
Mémoires de la Société du Polybiblion, de Londres,
une notice des plus curieuses.

M. Paul Lacroix, dont le zèle infatigable aborde
tous les points de la science des livres, a fait de
Bluet d'Arberes, l'objet d'une étude très réussie
(*Bulletin du bibliophile*, 1858, p. 1070 et suiv.
1859, p. 450-467).

Charles Nodier a tracé une page que nous repro-
duisons, car elle est restée enfouie dans quelques
notices jointes, il y a plus de 40 ans, au *Bulletin*
dont il s'agit.

« Bluet d'Arberes avait un grand avantage sur
« les fous de notre époque. Il était admirablement

« naïf. Dès l'*Institution et Recueil de toutes ses*
« *œuvres*, il vous avertit « qu'il ne scayt ni lire ni
« escrire et qu'il n'y a jamais apprins. » Excellent
« Bluet d'Arberes qui se fait auteur sans savoir ni
« lire ni écrire et qui en prévient amiablement le
« public, comme d'une chose toute naturelle!
« Homme digne de l'âge d'or et que tous les âges
« envieront à la première année du xviie siècle. On
« n'y fait plus tant de façons.

« Quand on a pour faire un volume de ses œuvres
« l'immense avantage de ne savoir ni lire ni écrire,
« on est presque un maître dans la pensée, mais
« Bluet d'Arberes n'eut pas l'esprit de profiter de
« son ignorance. Il est presque aussi nul et aussi
« stupide que s'il avait passé sa vie au collége.

« Les biographes ont étrangement négligé Bluet
« d'Arberes; car ces trois ou quatre volumes (et
« jamais on n'a pu en trouver un exemplaire com-
« plet) se vendent 500 et 600 francs, c'est-à-dire,
« trois ou quatre fois plus que l'*Encyclopédie* de
« Diderot et d'Alembert, qui n'est pas un ouvrage
« plus sensé mais qui prouve plus de talent. Ce que
« l'on peut conclure de son indéfinissable fatras,
« c'est que le comte de Permission était né dans la
« dernière classe du peuple et qu'il avait commencé
« par être berger comme Sixte-Quint et Janseray-
« Duval. C'est en 1566 que le hameau d'Arberes,
« dans le pays de Gex, produisit, à sa gloire éter-
« nelle, ce grand homme sans lettres dont les élucu-
« brations représentent dans la bibliothèque d'un

« amateur la valeur commerciale des meilleures
« éditions de la Bible, d'Homère, d'Horace, de Pla-
« ton, de Montaigne, de Molière et de La Fontaine.
« Infatué dès son enfance de visions apocalyptiques,
« il passa d'abord pour inspiré parmi les pauvres
« pasteurs du village, en attendant que l'adoles-
« cence l'eut remis à sa place naturelle et l'eut
« réduit à n'être pour toute sa vie qu'un imbécile
« excentrique. Le récit, ingénu jusqu'au cynisme,
« qu'il nous a laissé des hallucinations de cet âge
« donne lieu de présumer que certains gentillâtres
« savoyards, fort embarrassés de leur oisiveté et de
« leur argent, s'en firent tour à tour une espèce de
« fou à titre d'office en le leurrant par le luxe des
« habits et par les tentations plus séduisantes encore
« de l'amour physique, auquel il était fort enclin. »

M. Edouard Fournier, dans le très curieux
recueil dont il a enrichi la *Bibliothèque elzévirienne*
(que nous avons déjà citée à l'article Angoulevent) s'est occupé de Bluet d'Arberes, t. VIII,
p. 81. Empruntons-lui quelques lignes.

« Un des plus étranges fous de ce temps-là, mais
« fou aussi peu désintéressé que maitre Guillaume
« et se faisant comme lui, un gagne-pain de sa folie.
« Peut-être en venant à Paris, avait-il mission
« d'espion du duc de Savoie. Ses livrets extrava-
« gants sont illustrés de figures plus bizarres que
« le texte même; ils n'intéressent que les biblio-
« philes, et tous, soit qu'ils les aient achetés à prix
« d'or, soit qu'ils aient dû se contenter de les envier,
« savent à quoi s'en tenir sur leur compte. »

Dès l'an 1764 De Bure s'était occupé de ces écrits, le *Manuel du libraire* en a fait l'objet d'une substantielle mention ; le recueil de ces extravagances se composait d'environ 180 livres, ou morceaux détachés (1) ; on n'en connaît aucun exemplaire complet. Aux adjudications indiquées au *Manuel*, ajoutons celle de 135 francs pour un volume qui ne contenàit que 34 livres, vente Le Roux de Lincy, en 1855.

En 1606 on imprima à Paris un opuscule de 24 pages, le *Tombeau et Testament du feu comte de Permission*; il y est dit qu'il mourut de la peste. Du Roure (*Analecta-biblion*, II, 108), donne quelques citations de ce livret dont il n'y a rien à dire, tant il est pauvre d'esprit et même de singularité, si ce n'est qu'un bibliomane est tout fier de le rencontrer pour 50 francs.

Voir Flogel, *Geschichte der burlesken*, t. II, p. 528 ; Deperrey, *Biographie des hommes du département de l'Ain*. Bourg, 1835, t. II, pp. 90-94.

Boehme (Jacob).

Ce théosophe célèbre ne saurait être ici l'objet de longs détails qu'il est facile de trouver ailleurs. Il serait superflu de signaler les diverses éditions allemandes des écrits de cet illuminé illustre ; (la plus complète est celle donnée par Schiebler.

---

(1) La gravure sur bois qui accompagne le livre 75 est d'une singularité risquée, on ne la trouve pas dans tous les exemplaires.

Leipzig, 1831-47, 7 vol. gr. in-8°), Nous laisserons aussi de côté les traductions de divers ouvrages publiées par le marquis de Saint-Martin, sous le nom du *Philosophe inconnu*; le *Manuel du libraire*, 5ᵉ édit. t. I. 1029, contient des renseignements à cet égard; Adelung (voir l'*Histoire de la folie humaine*, t. II, pp. 220-255), donne une liste détaillée de 27 ouvrages, de leurs éditions diverses et de leurs traductions. Indépendamment de ce qui a été imprimé, il est resté bien des productions inédites.

Le docteur Julius a publié en 1844 à Hambourg, un exposé systématique, (en allemand) de la doctrine de J. B. Sa vie a été écrite par Wulten. *Stuttgart*, 1836, in-8°. Un médecin anglais, John Pordage, l'a commenté; une anglaise enthousiaste, Jane Leade, fonda à la fin du xvıₑ siècle, une secte qui, sous le nom de *Philadelphique*, n'est pas tout à fait éteinte, et qui révère Boehme comme un saint. On peut citer parmi les écrits les plus remarquables de ce visionnaire, sa *Description des trois principes de l'essence divine*, « elle contient ses « vues sur la Divinité, la création, la révélation, le « péché; le tout basé sur l'Ecriture Sainte, entre- « mêlé de fantasmagories poétiques, où la méta- « phore remplace presque toujours l'idée et où l'en- « chaînement des idées est dithyrambique. Cette « manière de procéder, Boehme l'attribue à une « révélation qui est, selon lui, le *sine qua non* de « toute connaissance. »

Le très curieux catalogue de la bibliothèque du

comte Alexis Ouvaroff, Sciences occultes, Moscou,
1870, in-4º (1), indique, nº 2-43, une réunion importante d'ouvrages de Boehme, en allemand, en anglais,
en français.

Borro (Joseph-François). Né à Milan en 1625.
Il appartenait à une des familles les plus distin-
guées de la Lombardie; emporté dans sa jeunesse
par des passions fougueuses, il changea plus tard
de conduite; il se jeta dans les exercices de la haute
piété; sa tête s'exalta; il ne tarda point à se figurer
qu'il avait des visions, il s'imagina que Dieu lui
prescrivait de lever une armée dont le Pape aurait
la direction suprême, mais où lui, Borro, occupe-
rait le rang de général; il devait avoir l'appui des
anges et spécialement de l'archange Michel; il
ajoutait qu'il connaissait tous les anges par leurs
noms, qu'ils lui révélaient d'ineffables mystères. Il
prétendait connaître l'avenir, et il déclara savoir
d'avance tout ce qui se passerait au conclave qui
suivrait la mort du souverain pontife, Innocent X,
alors assis sur la chaire de Saint-Pierre. Se hasar-
dant de plus en plus sur un terrain périlleux, il
annonça une réforme complète dans l'Église, et
l'établissement d'une religion nouvelle, mêlant à
tout ceci force idées hétérodoxes, soutenant la divi-

(1) IX et 217 pages, tiré à 75 exemplaires seulement; ce spécimen
(1883 nᵒˢ) du catalogue complet d'une très riche bibliothèque est d'autant
plus intéressant qu'un grand nombre d'articles donnent lieu à des notes
fort curieuses. Sa rédaction fait honneur à M. Ladrange.

nité de la Vierge Marie Il se vantait également
d'avoir le pouvoir de chasser les démons.

Il trouva des sectateurs assez nombreux qui le
regardaient comme une incarnation du Saint-Esprit;
il leur imposait le serment du secret absolu et d'une
obéissance aveugle. L'autorité ecclésiastique finit
par s'émouvoir ; Borro crut prudent de quitter
Rome et de se retirer à Milan, mais l'Inquisition,
lui faisant son procès pour crime d'hérésie, le condamna tout simplement, le 3 janvier 1661, à être
brûlé vif. Borro eut la bonne fortune d'échapper
par la fuite à cette sentence rigoureuse; il se sauva
d'abord à Strasbourg, puis à Amsterdam, ensuite à
Hambourg, d'où il passa à Copenhague. Se donnant
comme possesseur d'un secret pour découvrir la
pierre philosophale, il fit dépenser en pure perte
des sommes considérables à la reine de Suède, Chris-
tine, et au roi de Danemark, Frédéric III. Il conçut
le projet de se rendre en Turquie, mais, arrêté en
Moravie, il fut livré à la Cour de Rome. Enfermé
d'abord dans un des cachots du Saint-Office, il jugea
prudent d'abjurer ses erreurs et de faire amende
honorable ; sa captivité s'adoucit, et transféré au
château Saint-Ange, il obtint la permission de
sortir de temps à autre, et de se livrer à des études
de chimie. Il mourut le 10 août 1695, laissant
divers ouvrages parmi lesquels un seul est encore
recherché de quelques curieux : *La Chiave del
Gabinetto*. — Colonia (Genève), 1681, pet. in-12;
c'est un recueil de dix lettres, la plupart relatives à

la science hermétique ; d'eux d'entre elles roulent sur les esprits élémentaires, et c'est là que l'abbé de Villars a pris l'idée de son *Comte de Cabalis*. Adelung, *Histoire de la folie humaine*, t. I, pp. 77-113.

BOURIGNON (ANTOINETTE).

Visionnaire qui, née en 1616, morte en 1680, dut quelque célébrité à la singularité des opinions qu'elle mit en avant, aux nombreux ouvrages qu'elle enfanta, aux persécutions dirigées contre elle.

Renvoyons à Bayle, qui la ménage peu, et aux dictionnaires historiques qui en parlent avec quelques détails.

Ses œuvres, réunies par Pierre Poiret, forment 34 volumes en 19 tomes publiés à Amsterdam, de 1676 à 1684 ; une portion du premier volume contient sa vie écrite en partie par elle-même, et continuée par Poiret. Le catalogue Ouvaroff, n°62, donne une énumération détaillée de ce que renferme cette collection fort délaissée aujourd'hui. Lowndes dans son *British Librarian*, 1839, 8° (non terminé), indique, col. 1217, quelques ouvrages anglais, relatifs à Mlle Bourignon.

La plupart de ces écrits existent en flamand et en allemand ; trois ou quatre ont été traduits en latin.

BRACHET (ACHILLE). — *Grande Restauration*

scientifique. Philosophie minéralogique. Paris, 1859, in-8°, 56 p.

Les idées bizarres abondent dans cet écrit où il est surtout question des cristaux, des pierres précieuses, du microscope. Il est suivi d'une liste de *cinquante-deux* ouvrages différents que l'auteur annonce comme devant paraitre successivement. Presque tous se rapportent à des questions scientifiques, mais quelques-uns sont des incursions sur d'autres terrains; n° 40; *Examen critique de la cause de l'assassinat d'Henri IV*; 46, *Histoire des variations de la Synagogue.*

BRIGITTE (Sainte), princesse suédoise, née en 1303, morte en 1373.

Elle a laissé des prophéties et des révélations écrites par ses confesseurs ; Gerson les attaqua vivement, mais le succès en fut très vif; les éditions, les traductions se multiplièrent.

Il existe une dissertation de Benj. Gapsius : *De revelationibus Brigittæ Sueciæ.* Vitembergæ, 1715, in-4°; nous connaissons une traduction allemande complète, par A. Megerle, *Colonia*, 1664, 2 vol. in-4°, et un choix par A. Heuzet. *Cologne*, 1851, in-12. Quelques extraits des prophéties de la sainte se trouvent dans le *Dictionnaire des Prophéties* par l'abbé *Lecanu*, t. I., 373-377, (1852, 2 vol. gr. in-8°, faisant partie de l'*Encyclopédie théologique* publiée par l'abbé Migne.)

BROTHERS (RICHARD), illuminé anglais.

Il publia, de 1794 à 1802, divers écrits remplis d'absurdités : *Prophecies and Times*; *Explanation of the Trinity*, etc. Il serait fort inutile d'en donner la liste qu'on trouvera dans la *Bibliotheca Britannica* de Watt. Voir aussi l'*English Encyclopœdia* de Knight.

Cet aliéné rencontra des défenseurs ; c'est l'usage, mais ce qu'il y eût d'étrange, c'est qu'il compta au nombre de ses disciples un membre du Parlement, un très savant orientaliste, Nathaniel Brassey-Halhed (né en 1751, mort en 1830), lequel mit au jour en 1795 divers écrits ayant pour but d'établir l'authenticité des prétendues révélations de Brothers.

BROHON (JOSÉPHINE-AIMÉE), née à Paris en 1731, morte en 1778.

Après avoir écrit deux romans très médiocres, elle se retira dans une solitude absolue, se plongeant dans le mysticisme le plus exalté. En 1791, treize ans après sa mort, parurent deux volumes, imprimés chez Didot, aux frais de la princesse de Conti : *Réflexions édifiantes par l'auteur des Instructions sur le jeûne de Jésus-Christ au désert.* C'est d'après Renouard (*Cat. d'un amateur*, I. 102), « l'ouvrage d'une femme dont l'imagination était « allumée par les tourments d'un cancer qui causa

« sa mort ; c'est une production désordonnée dans
« laquelle l'ardeur de la dévotion prend un lan-
« gage beaucoup trop terrestre. On y trouve aussi
« des prédictions très claires sur la révolution, mais
« dans le manuscrit original de Mlle Brohon, ces
« prédictions étaient d'une autre écriture et ajou-
« tées après coup. » Grégoire a parlé avec quelque
détail de Mlle Brohon dans son *Histoire des Sectes
religieuses*, t. IV.

BROMLEY (Thomas).

Illuminé anglais vivant au commencement du
XVIIIe siècle ; entre autres ouvrages, il composa *the
Sabbath of Rest* (London, 1710, in-8°) ; plusieurs
de ses écrits ont été traduits en allemand ; le catalogue Ouvaroff (n° 91-94) en indique quatre, imprimés de 1712 à 1719 ; deux d'entre eux ont des titres
fort détaillés, dont voici le début : *La loi de la cir-
concision. — Témoignage véridique de la parole
intérieure et extérieure de Dieu.*

BROUSSAIS Emile).

Fils du célèbre médecin, publia en 1842, une
brochure écrite avec entrain et intitulée : *Régénération du monde ; Apologie pour la dernière dispen-
sation divine.*

L'auteur attaque avec vivacité la société actuelle,
« toute corrompue, toute matérielle, toute possé-

« dée des plus grossières et des plus aveugles cupi-
« dités, n'aspirant qu'aux gains les plus illicites
« par les voies les plus perfides et les plus téné-
« breuses, siècle d'extravagances illimitées, de
« hideuses et stupides impostures. »

Il ajoute :

« Il y a outre ce monde des corps inertes et
« morts, un autre monde des substances actives et
« vivantes ; tous les deux sont près l'un de l'autre
« et communiquent ensemble par un influx per-
« pétuel. »

BUNYAN (JOHN), né en 1628, mort en 1698.

Il mena d'abord une vie dissipée, mais il crut entendre des voix célestes, et il s'amenda ; entré en
1650, dans une congrégation d'anabaptistes, il se fit
remarquer par l'ardeur d'un zèle ardent qui lui
valut une détention prolongée pendant douze ans.
Ce fut dans sa prison qu'il composa un ouvrage
célèbre ? the Pilgrim's progress (le Voyage du pèle-
rin, c'est-à-dire du chrétien vers la perfection) ; ce
roman mystique et allégorique, parfois éloquent et
très élevé, souvent incohérent, œuvre d'une imagination exaltée, a obtenu en Angleterre un immense
succès. Publié vers 1672 (on ne connaît aucun
exemplaire de la première édition), une dixième et
réelle parut en 1685.

D'autres ouvrages de Bunyan, entre autres sa
Guerre Sainte (Holy War) ont eu bien moins de

vogue. Sa vie a été écrite par le célèbre Southey
et par divers autres biographes.

BURCHIELLO (Domenico).

Barbier italien qui vivait à Florence, au
xve siècle ; il était un peu fou, et on a recueilli ses
poésies amphigouriques qui ont eu plusieurs éditions (1). La plus ancienne sans date, C. A. Bru-
netti, a été décrite par Morelli (*Bibl. Pinelli*, t. IV,
p. 316) et par Dibdin (Cassano library, n° 40).

Ces vers, remplis d'idées extravagantes, de coqs
à l'âne, d'idiotismes locaux, sont à peu près incom-
préhensibles pour les Italiens eux-mêmes. Le barbier eut l'honneur de créer le genre *burchiellesque*,
d'être fort goûté par des Florentins illustres (Lau-
rent de Médicis entre autres), et de trouver des imi-
tateurs. Dans un de ses sonnets, il demande à un
artiste de peindre un tremblement de terre en l'air
et une montagne prêtant ses lunettes à un clocher
qui passe une rivière à la nage ; il en intitule un
autre : *Nominati fritti e mapamondi* (nominatifs
frits et mappemondes) ; ces excentricités, écrites
dans le meilleur style toscan, sont citées par l'Académie de la Crusca parmi les *testi di lingua*.

Rescoe en fait mention : *Life of Lorenzo de Me-
dici*.

(1) Le catalogue de la vente Libri, 1847, n° 1463-1467, en indique
cinq offrant entre elles des différences notables. Il existe sur ces poésies sous le titre de *Lezioni* (Firenze, 1733, in-4°), un commentaire
savant et enjoué.

BUTTLER (URSULE von), surnommée la bonne mère.

Visionnaire allemande, débita, dans les premières années du XVIIme siècle, quelques folies qu'elle consigna dans divers écrits ; sa fille Marguerite prit le nom de la mère Ève ; elle eût pour sectateurs trois illuminés qui représentaient chacun une des trois personnes de la Sainte Trinité (Grégoire, *Hist. des Sectes relig.*, V, 344).

CARDAN (JERÔME).
Nous nous bornerons à inscrire le nom de ce célèbre italien, mort en 1571, médecin, philosophe, mathématicien, aventurier, débauché, quelque peu assassin (travers que l'usage autorisait au XVIe siècle), charlatan effronté et par dessus le marché visionnaire. Il prétendait que l'avenir lui était révélé, soit par des songes, soit par des marques se formant sur ses ongles. A l'en croire, ses ouvrages lui étaient révélés par le ciel. Un anglais, J. Crossley, lui a consacré 2 vol. in-8° (Londres, 1836¹. Voir un article signé Victorien Sardou, dans la *Nouvelle Biographie générale*, t. VIII, 686-696, et les divers ouvrages qu'il énumère.

CECILE (A. M.). Littérateur français. Fit jouer

en 1802, au Théâtre-Français, mais sans succès, une pièce en cinq actes et en vers dont le Tasse était le héros ; reprise l'année suivante elle ne réussit pas mieux.

L'auteur ressentit un tel chagrin que sa raison se troubla ; il avait voulu peindre la folie du grand poète italien. Il mourut à Charenton en 1804.

CHABANNES (le marquis de).

Ce personnage se déclara, en 1831, l'adversaire infatigable de la royauté de Juillet ; il ouvrit une boutique au Palais Royal, il y affichait les opuscules qui ne cessaient de sortir de sa plume ; c'était des *Adresses à tout Français qui vénère son roi, ainsi qu'à tout pur ami de l'homme*, des extraits du livre *le Régénérateur*, etc. ; le tout en prose incohérente, mêlée de longues tirades de vers détestables. Une de ces feuilles volantes se terminait ainsi :

« Je défie hautement tous mes vils ennemis,
« La honte les attend ainsi que le mépris. »

Ces excentricités ne méritent pas qu'on s'y arrête.

CHAIX-SOURCESOL (GUILLAUME).

Prêtre français qui avait été économe du séminaire de Saint-Sulpice et qui publia en 1800, à Avignon, deux volumes intitulés : *le Livre des Manifestes* (réimprimés à Paris).

C'est un tissu d'extravagances. L'auteur se pose comme inspiré ; il lui a été révélé que les dix cornes de la tête de l'Apocalypse signifient les dix directeurs de la république française ; il n'y en avait que cinq, mais un inspiré n'y regarde pas de si près.

Les aliénés ont la manie d'écrire ; Chaix-Sourcesol écrivit *la Clef des Oracles divins*, *de l'Évangile éternel, du Mandement du Ciel aux églises égarées* ; il nous apprend entre autres choses que les enfants qui meurent avant l'âge de raison recommencent une nouvelle carrière.

Mécontent de se voir fort peu apprécié en France, Chaix-Sourcesol passa aux États-Unis ; il y publia en 1827 le *Sommaire, ou argument général du dernier des manifestes du dernier des serviteurs de Jésus-Christ* ; il débute par déclarer que sa mission n'est pas des hommes, mais de Jésus-Christ lui-même qui l'envoie pour susciter sa parole telle qu'il nous l'a transmise. Mais les Américains, très favorables aux illuminés indigènes qui pullulent chez eux, n'ont que de l'indifférence pour ce qui, en ce genre, leur vient du dehors ; Chaix-Sourcesol ne provoqua aucune attention : s'il prêcha, ce fut dans le désert.

CHASSAIGNON (JEAN-MARIE), né à Lyon en 1735, mort en 1795.

La Nouvelle Biographie générale, t. X, p. 42, lui consacre un long article. Son exaltation politique n'avait pas attendu l'avènement de la Révolution pour troubler son cerveau, et les scènes effroyables dont il fut le témoin dans sa ville natale achevèrent de lui enlever la raison. Parmi ses écrits, il en est un en 4 vol. in-12 : *Cataractes de l'imagination, déluge de la Scribomanie, vomissement littéraire, hémorrhagie encyclopédique, monstre des monstres*, par Epiménide l'inspiré. Dans l'antre de Trophonius au pays des visions. Ce titre ne donne qu'une idée imparfaite de cette œuvre de délire où les idées les plus bizarres s'affirment avec une originalité de conception qui est encore effacée par celle du style.

L'ouvrage débute par une « préface qui n'en est pas une » et qui occupe toutefois 70 pages. Le tout est un mélange de prose et de très mauvais vers. Voici les titres de quelques-uns des chapitres du premier volume : « Le Poète malgré lui. — Verre brisé, magie détruite. — Tisons brûlants jetés contre l'Académie et bientôt éteints. — Chiens, chats, chartreux, coupe de sang. — Brébeuf attaqué par le Bœuf. » Au bas de presque toutes les pages, des notes où sont entassées des citations en diverses langues, surtout en italien.

CHASTANIER (BENEDICT).

Chirurgien français, établi à Londres, admirateur et disciple de Swedenborg ; il entreprit une publication périodique : *Journal novi-jerusalémite* ; le n° I (1787) XVII, 114 pages) contient : *Traité de*

*la vie que doivent mener ceux qui aspirent à
devenir membres réels de la nouvelle Jérusalem* ;
n° II : *la Doctrine de la nouvelle Jérusalem.* 1787 ;
n° III : *Du dernier jugement et de la Babylone
détruite.* 1787 ; n° IV : *Continuation du dernier
jugement et du monde spirituel.* 1787. Chastanier
dit que c'est d'après un ordre révélé du Seigneur,
qu'il a entrepris la traduction des œuvres de Swedenborg, mais il ne paraît pas qu'il ait été au delà
de ces quatre volumes très rares en France.
Quérard qui ne les a point connus, n'en fait pas
mention dans sa *France littéraire.*

CHENEAU.

C'était un paisible commerçant à Mennetout-sur-
Cher, qui se persuada un jour que l'inspiration
divine lui prescrivait de réformer le genre humain.
Il développa cette idée dans des écrits bizarres,
notamment dans *la Volonté de Jehovah en Jésus-
Christ, vrai Dieu, manifestée par son serviteur
Cheneau, négociant.* M. Delepierre en cite quelques
passages ; nous lui empruntons les lignes suivantes :
« J'ai dit à l'Eternel, moi, son serviteur : Je pré-
« fère la malédiction des hommes à leurs bénédic-
« tions. Alors l'Eternel me dit : Marche avec la
« force que tu as ; parle à tous les peuples de la
« terre. »

La Revue de bibliographie analytique, (Paris,
1842, t. III, p. 495) parle avec détails d'un autre

écrit : *Troisième Révélation* ; sur le titre un triangle la tête en bas, « parce que la base de l'homme spirituel est en haut, » un carré, un rond et un rouleau qui représentent « l'état spirituel, l'homme brute et le parfait en Dieu. »

L'auteur de la *Troisième Révélation* prétend avoir causé avec Napoléon, en janvier 1841 ; il affirme qu'il pourrait anéantir tous ses ennemis au nom de Jésus-Christ ; il institue un nouveau baptême spirituel ; il annonce l'avènement du Fils de l'homme ; il croit à la sorcellerie, à la magie ; il raconte la guérison de sa mère possédée du malin esprit ; du reste, il défie les critiques : « je vous déclare incompétents pour me juger. » Ce fatras absurde est divisé en paragraphes minutieusement numérotés jusqu'à 509 ; il n'en est pas plus clair.

CHÉRET (ANNE-GENEVIÈVE), née en 1730 à Paris, morte en 1758.

Sa piété fervente l'amena à émettre des idées étranges sur l'Église primitive à laquelle elle voulait qu'on revînt, sur la rédemption d'Israël, etc. Ses *Œuvres* furent publiées 34 ans après sa mort, en 1792, époque où l'on s'occupait de toute autre chose que de rêveries mystiques. Voir : Grégoire, *Hist. des Sectes religieuses*, II, 57.

CODICILLES DE LOUIS XIII, *roi de France et de*

*Navarre. A son très cher fils aîné, successeur en
ses royaumes de France et de Navarre* (Produit 20
lignes en caractères fort menus), 1643. 4 parties in-
24.

Des choses excellentes se mêlent dans cette très
bizarre production à une foule d'extravagances.
L'auteur est resté inconnu. Le *Manuel* indique
diverses adjudications de 41 à 50 francs; ajoutons-y
celle à 141 francs, vente H. D. L. en 1863.

Cet ouvrage, extrêmement rare et fort ignoré, n'a
sans doute été imprimé qu'à un petit nombre d'exemplaires; il serait presque entièrement inconnu, si
M. du Roure n'en avait parlé avec détail (*Analecta
biblion*, II, 213); il signale dans les conseils donnés
à Louis XIII les vues les plus sages, souvent en un
langage élevé : « La royauté ne doit point vous donner
« une haute idée de vous-même; ce n'est qu'une pure
« imagination comme les autres dignités humaines
« qui n'ont leur être que dans l'esprit des hommes. »
Mais la déraison ne tarde pas à revenir; l'auteur
des *Codicilles* prétend que l'Espagne, l'Allemagne,
l'Amérique, appartiennent au roi de France; il
demande que douze armées se mettent en marche
pour reprendre possession de ces domaines volés;
l'une d'elles ira occuper le Pérou; il trace les cadres
de ces forces envahissantes; il crée 946 officiers des
trompettes, 880 lieutenants d'infanterie; il donne
la liste exacte de tous les officiers et soldats du régi-
ment de Pont-de-l'Arche, en Normandie, qui sui-
virent Charlemagne dans toutes ses guerres.

COLLENBUSCH, médecin à Duisbourg, mort vers 1800.

Il se livra à des idées singulières sur des questions théologiques ; très épris du *millenium*, il assignait d'avance des terres, des jardins aux fidèles qu'il distribuait en sept classes, selon leur degré de sainteté. Il publia divers ouvrages où il exposa toutes ses rêveries. Voir : Grégoire, *Hist des sectes religieuses*, V, 441.

COMMENIUS (J. Amos).

Philologue et grammairien allemand, mort à Amsterdam en 1671. Il s'éprit du merveilleux et traduisit en latin les prophéties de Catherine Poniatowska et de divers autres visionnaires ; ce travail, joint à quelques autres tout aussi peu sensés, lui a mérité de figurer dans l'*Histoire* qu'Adelung a tracée de la folie humaine. Commenius, ainsi que beaucoup d'autres écrivains dont la tête n'était pas bien saine, ne permettait jamais à sa plume de s'arrêter un instant ; il a laissé une centaine d'ouvrages, tous parfaitement oubliés.

CRUDEN (ALEXANDRE), né en 1701, mort en 1770.

Il fut libraire et correcteur d'imprimerie, (ce qui l'amena à prendre le nom d'*Alexander the cor-*

rector); il composa une *Concordance de la Bible*, vaste travail publié en 1737 et qui a été plusieurs fois réimprimé et amélioré. Il devint fou, fut mis dans un hospice, en sortit deux fois plus ou moins guéri, et mit au jour des écrits, mélange singulier de bon sens et d'aberrations. Une publication très intéressante, la *Retrospective Review*, a consacré à ce personnage un curieux article (t. X, pp. 20-33) ; elle donne les titres fort étendus de ses brochures, elle en transcrit des passages. Cruden dédia ses ouvrages au roi Georges II, qui n'y fit aucune attention, il se présenta au mois d'avril 1734, aux suffrages des électeurs de la Cité de Londres pour entrer à la Chambre des Communes ; à peine obtint-il quelques voix. Il prétendit corriger les vices de ses contemporains, se mêla un peu de politique et mourut sans avoir recouvré l'usage complet de sa raison.

CUMMING (JOHN), né en 1820, à Aberdeen.

Ministre presbytérien, acquit à *Londres* une brillante réputation comme prédicateur ; emporté par la fougue de son imagination, il s'est laissé tomber dans l'illuminisme, et il a parfois exposé des idées que la saine raison ne saurait admettre. Ses écrits sont extrêmement nombreux (c'est un des symptômes les plus fréquents d'un cerveau mal équilibré) ; Alibone, dans son *Critical Dictionnary*, p. 459, en énumère 44 et la liste est loin d'être complète. Tra-

duisons les titres de quelques-unes de ces productions : *Croquis apocalyptiques ; Leçons sur les sept
églises ; le Doigt de Dieu ; un Message venant de
Dieu ; Voix de la Nuit ; l'Église avant le Déluge,*
etc.

CYRANO DE BERGERAC.

Ne nous arrêtons pas sur cet écrivain fort connu.

Voltaire a dit de lui : « Il mourut fou et il était
fou quand il écrivit son *Voyage dans la lune.* »

DAMIEN (SÉRAPHIN-ÉMERIC), berger.
Lettre-circulaire providentielle. Cannes, 1877, in-4°, 2 p.

DANCÉ (Ch.) ancien notaire. *Problème de la loi de la justice unique et naturelle résolu par l'arithmétique.* Paris, 1877-8, 4 p.

Nous n'avons pas eu l'occasion de voir cet écrit,
mais le titre indique l'excentricité des idées qu'il
expose.

DAVENNE (François).

Disciple de Simon Morin (voir ce nom), il eut le
bonheur d'échapper au supplice qui frappa son

maître, et il put, de 1649 à 1651, publier en vers et
en prose 25 opuscules ayant pour but la revendica-
tion de la royauté que Dieu lui avait accordée. Il
annonça, pour 1645, la fin du monde, et abordant
une question fort délicate, il soutint hardiment
dans son *Harmonie de l'amour et de la justice* que
Louis XIV ne pouvait être le fils de Louis XIII.

Davenne proposait une épreuve redoutable ; il
demandait qu'on le jetât dans une fournaise avec la
régente, avec Mazarin, avec le duc d'Orléans, avec
le coadjuteur, et autres grands personnages ; « celui
« qui sortira sans lésion de la flamme comme un
« phénix renouvellé, que celui-là soit estimé le pro-
« tégé de Dieu et qu'il soit ordonné prince des
« peuples. »

Voir : le *Manuel du Libraire* ; Moreau, *Bibliogr.*
des Mazarinades, t. 1, p. 35-43 ; Delepierre, p. 117-
120 ; le cat. Soleinne. n° 1254.

Davies (Edward).

Ce *clergyman* publia en 1804 un volume de
561 p., intitulé : *Celtics Researches on the Origin,*
Traditions and Language of the ancient Britons ;
il y avance qu'à une époque fort reculée, la Grande-
Bretagne était habitée par une nation intelligente
et éclairée, fort supérieure, au point de vue de la
civilisation, à tous les autres peuples de la terre.

Ce système était inspiré par l'égarement de ce
patriotisme local dont il y a d'autres exemples (voir
de Grave et Le Loyer).

The Mythology and History of the British Druids ascertained by national Documents. 1809; ce livre atteste des recherches sérieuses, mais on lui reproche des opinions étranges et fort hasardées; le *Monthly Magazine* taxa avec raison l'auteur d'*hyper-enthusiasm*.

DEE (JOHN), né en 1527, mort en 1608.

Se plaça parmi les hommes les plus instruits, les plus laborieux de son époque ; l'astronomie, la physique, la chimie furent surtout le but de ses études; il écrivit des livres très sérieux, notamment un excellent traité sur la navigation (London. 1577, in-fol.), malheureusement il se laissa entrainer par les séductions des sciences occultes, et, précurseur de nos modernes spirites, il se crut en relations avec des êtres surnaturels; il publia à cet égard un volume rempli d'extravagances : *A Relation of what passed for many years between Dr. John Dee and some spirits.* 1659, in-fol. L'ouvrage fit grand bruit lors de sa publication, et longtemps après le docteur Hooker le signalait à l'attention publique.

Voir aussi d'Israeli : *Amenities of literature*, édit. de Paris, 1842, t. II, p. 216.

Dee était un théurgiste, une sorte de magicien qui se croyait en relation avec des esprits angéliques; il fut officiellement consulté sur la question de choisir un jour *heureux* pour le couronnement de la reine Élisabeth.

Écrivain laborieux, il mit au jour huit ou dix ouvrages, et il en laissa manuscrits plus de cinquante.

Indiquons encore deux ouvrages de Dee ; leurs titres suffiront pour en donner une idée :

Monas hieroglyfica, mathematice, magice, cabalistice, anagogiceque explicata, dans le *Theatrum chemicum,* 1613, t. II, p. 191-230, et *Tuba Veneris, id est vocatus sive citationes sex spirituum sub Veneris dominio existentium ubi docetur methodus perficiendi sigillum Veneris, ejusque tubam ; circuli compositio, nomina propia spirituum* et en allemand dans un recueil *pour les amis des sciences occultes,* imprimé à Vienne en 1794, p 496-516.

DE MONS, conseiller au présidial d'Amiens

Les titres des deux ouvrages qu'il a laissés donnent une idée du galimatias qu'ils contiennent :

« La Démonstration de la quatrième partie de
« rien et quelque chose et tout, et la quintessence
« tirée du quart de rien et de ses dépendances, con-
« tenant les préceptes de la saincte magie et dévote
« invocation de *Demons,* pour trouver l'origine des
« maux de la France. »

Nodier dit en parlant de cet auteur :

« C'était un fou très complexe, et la variété de
« ses lubies l'avait mis en fonds d'extravagance pour
« tout le monde. Je ne serais pas étonné qu'il fut
« réclamé aussi par les alchimistes, et s'il avait vécu

« au XIXme siècle, il ne lui manquerait rien, car il
« était doué de cette merveilleuse propension à se
« teindre de toutes les aberrations et de tous les
« *non-sens* qui se trouvaient en circulation de son
« vivant. Ce n'était pas un monomane, tant s'en
« faut, mais un maniaque à facettes, continuelle-
« ment disposé à répéter toutes les sottises qu'il
« entendait dire, un rêveur caméléon qui jouissait
« de la plupart des prétendues propriétés de son
« type, mais qui ne réfléchissait que la folie. La
« *Quintessence* et la *Sextessence diallactique* de
« Demons sont réellement la quintessence et la
« sextessence de l'absurde. Aussi ont-elles figuré
« longtemps parmi les livres précieux et chers,
« quand l'absurde ne courait pas les rues. Aujour-
« d'hui je comprendrais facilement qu'elles perdis-
« sent un peu de leur mérite exceptionnel sur
« lequel leur bizarre fortune s'était fondée; la con-
« currence s'est beaucoup augmentée dans nos
« jours de perfectionnement ; elle a mis l'absurde
« au rabais. »

Le second ouvrage de Demons est intitulé :

« *La sextessence diallactique et potentielle tirée*
« *par une nouvelle façon d'alambiquer suivant les*
« *préceptes de leur saincte magie et invocation de*
« *Demons pour guarir l'hémorragie, playes,*
« *tumeurs et ulcères de la France.* » Paris, 1595,
in-8°. Ce second livre est une réimpression du
poème de la *Quintessence* avec une glose française
très étendue.

Le *Manuel du Libraire* n'indique aucune adjudication du premier, mais nous l'avons vu payer 45 fr. en 1862 à la vente Cailhava; quant au second, depuis la vente Nodier, en 1837, où il fut adjugé à 40 fr., il ne s'est pas, à notre connaissance, montré aux enchères.

Renvoyons d'ailleurs à Nodier : *Mélanges extraits d'une petite bibliothèque* (1829), p. 243-248.

DEPPEL.

Un de ces illuminés que l'Allemagne a produits en grand nombre et qui se sont laissés séduire par le désir de voir l'imprimerie répandre leurs extravagances. Dans un de ses écrits, publié en allemand, en 1733, sous le pseudonyme de Christianus Democritus, il annonçait à l'univers qu'il ne devait mourir qu'en 1808. Une mort subite l'enleva le 25 avril 1734.

DESIRÉ (ARTUS), né en Normandie en 1500, mort en 1579.

Ce fougueux adversaire de la réforme n'avait pas la tête bien saine; ses ouvrages de polémique dirigés contre les luthériens et les calvinistes, sont remplis de turlupinades, d'injures, de bouffonneries, de quolibets grotesques en vers ou en prose ; le *Manuel du Libraire*, tom. II, col. 627-631, indique une vingtaine de ces productions assez recherchées par les amateurs de livres singuliers ; Niceron, dans ses *Mémoires,* tom XXX, et Goujet dans sa *Bibliothèque françoise,* en signalent plusieurs autres.

Un des écrits les plus singuliers de ce personnage excentrique, a pour titre : *Les singeries des Huguenots, Marmots et Guenons de la nouvelle dérision Théodebezienne, contenant leur arrest et sentence par jugemens de raison naturel, composé par Artus Desiré.* Paris, 1574, in-8°.

Nous avons choisi ce volume comme offrant un échantillon du style adopté par les controversistes du seizième siècle. On comprend très bien que la *dérision Théodebezienne* signifie la doctrine d'un des plus chaleureux des amis de Calvin, Théodore de Bèze. Le livre que nous avons sous les yeux est un parallèle continuel des réformés avec les singes. Il suffit d'en transcrire quelques passages pour montrer quelle aménité régnait alors dans les disputes :

« Les Heretiques Theodebeziens, sont tant cauteleux, ingenieux et malicieux que ne scaurions mieux les comparer qu'aux singes, marmots et guenons, lesquels n'approchent jamais du feu que la hart du fagot qu'on y met ne soit premièrement brûlée et rompue pour que ledit feu ne rejaillisse sur eux ; tout ainsi ont fait nos ennemis et adversaires de vérité ; tant que la hart de justice a tenu bon et qu'elle a été forte et puissante pour les pendre et brûler, sans rompre ni ployer, jamais n'ont osé approcher de la fumée, ne ouvrir la bouche pour

dire ce qu'ils avaient sur le cœur ; mais depuis que
ladicte hart a été rompue, et qu'ils ont eu la liberté
et permission de parler et prêcher leurs blasphèmes
contre Dieu et ses Saints, lors ils n'ont plus craint
d'approcher dudict feu, et sont venus jusques devant la Majesté du Roy et de tous ses Magistrats
et Gouverneurs vomir leur fétulence et vilennie au
conciliabule de Poissy et crier par toutes les rues de
Paris, jusques en pleine cour, vive l'Evangile, vive
l'Evangile ; vive l'Evangiie du Diable d'enfer qui
vous puisse rompre le col et les jambes de vous
avoir donné licence de faire le beau mesnage que
vous avez faict par tout le royaume de France et
d'avoir sacrilegé et retiré hors des religions les
sanctimoniales, que vous avez subornées et perver-
ties de leur discipline réguliere, leur faisant entendre
qu'il est impossible de garder le perpétuel vœu de
continence, suivant ainsi la nature des susdicts
marmots et guenons qui sont les plus luxurieuses
bestes de tout le monde...

« Il y a des singes domestiques et privés qui ne
bougent de la maison, toujours enchaynés par le
col, traynant une grosse boulle au bout de leur
chayne qui tourne de ci et de là, et ne font autre
chose que boire et manger, par lesquels nous sont
figurés les marmots hérétiques couverts d'hypocrisie
et simulation qui sont *nullius religionis*, mais par-
faicts Atheistes, roulans leur boulle langagere de
côté et d'autre pour adhérer et complaire aux sei-
gneurs et dames selon la religion qu'ils tiennent, et

telle maniere des singes privez sont beaucoup plus dangereux que les forains et descouverts, qui disent tout ce qu'ils ont dessus le cœur, au contraire des simulés qui disent d'un et font d'autre, ayant toujours la boulle d'atheisme qui les entreine et faict tomber en éternelle damnation, et tous ceux qui les hantent et fréquentent.

« Les guenons aussi ont une longue queue et sont merveilleusement chaudes et lubriques comme sont aussi celles de ladite association qui ont ordinairement une grande trouppe de singes et marmots à leur suite et queue, semblable à celle de péché de laquelle parle sainct Jean en son Apocalypse, chapitre douziesme, faisant tomber la tierce part des estoiles du ciel, ce qu'elles font par mesme moyen attirant à leur luxure une infinité d'apostats et moynes reniez qu'elles font tomber du firmament de l'Eglise en eternelle damnation, de sorte et maniere que les dictes guenons Huguenotes attireront et divertiront plus d'hommes en une heure de nuict que ne scauroient faire les singes et marmots en un an, à raison de ladicte luxure.

« Outre plus, le singe ne veut ouyr parler de l'Eglise. Quand le Bastelleur en faict ses jeux et qu'il lui parle d'aller à la Messe, il rechyne et claquette des dents comme un desespéré, mais quand on luy tient propos de la taverne, lors il se resjouit et faict dix mille soubresaulx, ce que font aussi nos susdicts singes et marmots qui ont en haine mortelle l'Eglise de Dieu, et au contraire ayment la taverne pour le bon vin qui leur faict faire mille singeries, et pour les bons et grans morceaux qu'ils ont en recommandation, aymant trop mieux un jour de bonne chère qu'une heure de jeûne et d'abstinence. »

Desjardins (G).

Première Babylone, Semiramis la grande, Journée de Dieu en cinq coupes d'amertume (en vers). Traduit d'un manuscrit hiéroglyphique égyptien. Paris, H. Dupuy, 1834, gr. in-8°, cxiiii et 514 pp. fig.

Cette production plus qu'étrange, n'a pas été mise dans le commerce ; l'érudition et l'extravagance y débordent ; entremêlée de cartouches hiéroglyphiques, elle est dédiée à l'*Art tout puissant*.

On trouve des détails sur cette *Journée de Dieu*, dans le *Monde dramatique*. 1835, in-8°, pp. 90-93, et dans l'*Essai* de M. Delepierre, pp. 78-84, auquel nous emprunterons quelques extraits.

Dans la cinquième coupe (dont une partie est en prose' des voix innombrables et caverneuses (textuel) sortent des profondeurs de la terre ; le prince des prophètes : *Jugement de Dieu*, leur dit :

 « Levez-vous ; secouez d'une aile immense et lente,
 « De trois mille ans de nuit la poussière eloquente. »

Ces formidables amas de générations s'écrient toutes ensembles du fond de leurs sépulchres :

Par rangs horizontals, vois, nous nous levons tous.

Alors se lèvent tous les êtres produits : « les hauts
« éléphants, les colossales mastodontes, leurs
« aînés, dressant le monstrueux serpent de leur
« trompe au dessus des têtes et des cornes des
« vieilles races princières, royales et antédilu-
« viennes... tous roulent ensemble les flots épais de
« leur ronde, tous éclairés dans le voyage de leur
« chaine tournoyante, des rayons de la face rouge
« et enflammée de Dieu, tous grommelant, rugissant,
« hurlant. »

Dans son introduction intitulée : *Porte cyclo-
péenne,* l'auteur annonce que voulant peindre son
pays de face et les autres pays de trois quarts ou de
profil, il ébauche une immense composition trilo-
gique : la *Révolution, Napoléon* et le *Monde de
l'avenir ;* il donnera à son siècle « l'évangile des
peuples libres. »

Desmarets de Saint-Sorlin.

Auteur dramatique, poète épique, littérateur
qui fit du bruit au milieu du xviie siècle. Nous n'en-
trerons point à son égard dans des détails qu'exposent amplement les dictionnaires biographiques.
Il nous appartient parce que pendant quelque temps,
sa tête se dérangea. Après avoir été un des disciples du malheureux Simon Morin, il s'en fit le
dénonciateur ; il annonça que Louis XIV était pré-
destiné à expulser les Turcs et à établir le royaume

de Dieu sur la terre entière ; il voulait se mettre
lui-même à la tête d'une armée de 144,000 hommes
(chiffre donné par l'Apocalypse), et destinée à exterminer les hérétiques, à détruire les infidèles.

Il vient de paraître une intéressante notice de
M. R. Kervegen sur Desmarets, in-8°, 117 pages ;
tirage à part de la *Revue historique et nobiliaire*.

Desroys.

Œuvres dramatiques de *⸫*. Le *Dernier des
Romains*, tragédie ; l'*Anti-philosophe*, comédie (le
tout en 5 actes et en vers).

L'auteur, quoique professeur de mathématiques,
avait le cerveau malade (*Catalogue de la bibliothèque dramatique de M. de Soleinne*, n° 2549, t. II,
p. 261). Il s'excuse d'avoir « trop de bon sens, dans
•• un temps où la raison s'est combattue de sa propre
•• épée. » Il n'imprime que quatre actes de sa comédie,
et il motive l'absence du 5ᵉ en disant que le public
n'a qu'à faire jouer d'*autorité* la pièce entière, s'il
est curieux de connaître cet acte *qui n'est pas le
plus mauvais*.

Doiche (François).

C'était un des disciples du malheureux Simon
Morin, dont nous aurons à reparler. Le titre d'un
de ses opuscules suffit pour faire juger de la netteté
de son jugement : *Abrégé de l'Arsenal de la foy qui*

*est contenu en ceste copie de la conclusion d'une
lettre du secrétaire de saint Innocent...*

L'auteur avoue que « n'ayant pas de quoy faire
« imprimer cette lettre toute entière, il a commencé
« par la fin. »

Douzetemps.

Français qui se rendit en Pologne, où il fut accusé
(à tort) d'avoir voulu empoisonner le roi Auguste,
électeur de Saxe ; il fut enfermé dans la prison
d'état de Sonnenstein ; sa tête s'exalta, et il composa un ouvrage ultra-mystique qui parut à Hambourg, en 1732 : *Mystère de la Croix affligeante,
humiliante et triomphante de Jésus-Christ et de ses
membres. Ecrit au milieu de la Croix au dedans
et au dehors par un Disciple de la Croix.*

Un chronogramme indique la date.

chara CrUX MIhI DUX...

Cet écrit fut réimprimé en Russie (sans nom de
ville, ni de libraire) 1786, et à Lausanne, F. Grasset,
1791 ; il en avait paru à Francfort en 1782 une
traduction allemande, par Adamah Booz (masque
d'Adam Melchior Birkholz).

Drabicius.

Illuminé allemand ; en 1587, après diverses aven-
tures, il s'établit dans une ville de Hongrie et se fit
marchand de draps, mais bientôt dégoûté de cette

paisible profession, il se posa en prophète, il eut des visions, il prédit à tort et à travers ce qui devait arriver en Europe. Quelque absurdes qu'elles fussent, ses prophéties trouvèrent peu de croyants. Afin de donner plus de piquant à ses oracles, Drabicius attaqua vivement la maison d'Autriche; on le châtia sévèrement; c'était alors l'usage; le 10 juillet 1671, il fut décapité, après avoir eu la main tranchée. Voir Bayle, la *Nouvelle Biographie générale*, etc.

DROUINEAU (GUSTAVE), né à la Rochelle en 1800, mort il y a peu de temps dans un hospice d'aliénés.

Deux de ses romans : *Le Manuscrit Vert* et *Résignée* furent remarqués; il écrivit pour le théâtre, non sans quelque succès.

Il ne manquait pas de talent, mais, ainsi que le fait observer Ch. Asselineau, dans sa *Bibliographie romantique*, c'était un esprit systématique, pédant, troublé par les visions humanitaires et atteint au plus haut degré de la grande maladie de l'époque : la manie de sauver le monde. Il s'était plongé dans les chimères du néo-christianisme, et une surexcitation continue lui enleva le peu qui lui restait de bon sens.

DUBOIS (GUILLAUME).

Maçon et tailleur de pierres; né en Normandie,

sa tête n'était pas bien saine ; il fit imprimer à Paris en 1606-1607, six opuscules réunis sous un titre collectif, où il dit qu' « il lui a été donné le don « d'escrire en poésie française, par un ordre alpha- « bétique, pour opposer au fantastique. » Le *Manuel du Libraire* transcrit les titres de ces opuscules, les uns en vers, les autres en prose et en vers ; ils sont dans le genre de Bluet d'Arbères ; *A la gloire de Dieu* ; *Au roy par amour royal*, etc. Un exem- plaire, le seul, ce semble, qui aît passé en vente publique, fut, en 1784, chez le duc de la Vallière, payé 45 fr., prix élevé à cette époque.Voir Pluquet : *Curiosités littéraires*, p. 13 ; Frère, *Manuel du bibliographe normand*, t. I. p. 376.

DUDOLLE (Mme) née Grein-Troussel.

Victime de l'épidémie mentale qui sévit avec une vigueur remarquable après la révolution de juillet et qui enfanta le Saint-Simonisme, le Fouriérisme, le Romantisme échevelé, et autres excentricités plus ou moins fâcheuses. Elle mourut à Charenton, com- plètement aliénée.

DU MONIN (Jean-Édouard).

Poète français, mort assassiné à l'âge de 29 ans. Il avait accumulé un vaste savoir ; il connaissait les langues anciennes y compris l'hébreu ; il avait pâli sur Aristote, mais l'excès du travail avait troublé son cerveau et ses écrits attestent une imagination qui n'est plus maitresse d'elle-même.

On lui doit entre autres écrits un poème de 3,500 vers : *le Phœnix (Paris*, 1585, in-12). M. Viollet-le-Duc (*Bibl. poét.,* I, 289), transcrit les 16 premiers vers et il ajoute : « Je doute qu'il y « ait dans aucune langue un poète aussi obscur, « aussi ténébreux que Du Monin ; jamais savant n'a « fait, comme lui, abus de sa science pour composer « des mots hybrides, inintelligibles. »

Du Monin a laissé également une espèce de composition dramatique du genre le plus étrange : *le Quarême,* divisé en plusieurs parties : le Triple amour ou l'amour de Dieu, du monde angélique et du monde humain ; la perte de la peste, ou jugement divin, etc. On décapite la peste, ce qui donne lieu à d'étranges jeux de mots : « Lève ce chef d'ici ; je « crains fort que ce chef prive de chef les miens par « un nouveau Méchef. » Voir : la *Bibliothèque du Théâtre français*, t. II, p. 256-260 ; le *Catalogue de la Bibliothèque dramatique*, de M. de Soleinne, nº 835, le *Tableau de la poésie française au XVIᵉ siècle*, par Sainte-Beuve, 1846, p. 237, ainsi qu'une notice intéressante par M. L. F. Lélut. 1840, in-8º.

DUTOIT MAMBRINI (MARC-PHILIPPE).

Pasteur protestant; il publia sous le voile de l'anonyme à Lausanne, en 1790, deux volumes in-8º

(XII, 340, et IV, 348 p.), intitulés : *De l'origine, des usages, des abus des quantités et des mélanges de la raison et de la foi. Des cieux purs et des impurs. De l'esprit astral. Des trois révélations. De la croix, loi universelle. Des sens mystiques*, etc. C'est à tort que, dans sa *Bibliographie der Freimaurerei*, Klotz attribue cet ouvrage à un pasteur de Lausanne, Henri David Durand. Une autre édition parut en 1793 (sans lieu ni date), 3 vol. in-8°. *Philosophie divine appliquée aux lumières naturelle, magique, astrale, surnaturelle, céleste et divine, ou aux immuables vérités que Dieu a révélées*, par Keleph Ben Nathan.

Vers le commencement de ce siècle, on imprima en Russie une portion de cet écrit : *Les Trois caractères primitifs des hommes, ou les Portraits du froid, du bouillant et du tiède* (sans lieu ni date, in-8°, 65 p.)

On connait encore de cet auteur : *Voies de la vérité à la vie*. 1795, in-12, deux parties, 84 et VIII, 213 p Ce volume, sans nom de lieu ou de libraire, parait avoir été imprimé en Angleterre Voir le catalogue Ouvaroff, n° 136-138.

DUVEYRIER (CHARLES).

Né en 1803, se jeta dans les excentricités du Saint-Simonisme avec une fougue qui attestait une intelligence quelque peu troublée. Il s'intitulait modestement « le poète de Dieu », et publiait sous ce nom des vers dont il était impossible de soutenir la lecture. Partisan trop chaleureux de l'émancipation absolue de la femme, il inséra en 1832 dans le *Globe*, journal de la secte Saint-Simonienne, un article qui lui valut condamnation à un an de prison. Sa tête se calma, il se mit à écrire pour le théâtre et à diriger la Société générale des annonces.

ENFANTIN (Prosper).

Quérard rangeait sans hésiter parmi les fous ce *Père suprême* de la secte Saint-Simonienne, apôtre exalté de la rénovation de l'ordre social au moyen de la femme complètement émancipée. Ses idées trop absolues à cet égard, lui valurent en 1832, une condamnation à un an de prison. Il rêvait la suprématie pontificale sur le genre humain et il lançait des écrits où on lisait des phrases dans le genre de celle-ci : « le verbe suprême, le verbe infinitésimal se résoudra dans l'art en paroles et hors de l'art en symboles ; le savant le traduira en formules, et l'industriel en formes limitées. »

Malheureusement cette traduction si claire et si facile du verbe ne s'est pas encore accomplie.

Abandonnant parfois le domaine des nuages et daignant descendre sur la terre, le père Enfantin se précipita, comme la plupart des Saint-Simoniens, dans le monde des affaires, où il occupa assez longtemps les fonctions d'administrateur du chemin de fer de Lyon, ce qui ne l'empêchait point d'écrire de temps à autre des pages où s'étalaient les plus étourdissantes excentricités.

Un gros volume, la *Science de l'homme*, qu'il publia en 1858, en le dédiant à Napoléon III, révèle une raison fort obscurcie ; les idées les plus étranges y abondent, et elles sont parfois exprimées en termes d'une telle crudité que le bruit courut que l'ouvrage était saisi. Grâce à de hautes protections, l'auteur en fut quitte pour des cartons nombreux. Un exemplaire non cartonné serait une curiosité piquante destinée à figurer sur les rayons de ces armoires qu'on tient toujours soigneusement fermées. M. Montégut a fait justice de cette folle et illisible production. Voir la *Revue des Deux-Mondes*, 1er février 1859.

Eller (Élie).

Visionnaire allemand, né vers 1690 ; il se prétendait issu de la tribu de Judas, et se décernait le titre de père de Sion. Lui et sa femme étaient ces deux témoins annoncés dans l'Apocalypse (VI, 3), à l'égard desquels tant d'insanités se sont produites. L'Église étant tombée en décadence, Dieu, qui réside en Eller, lui donne la mission de former la nouvelle Jérusalem (Swedenborg n'a pas eu le mérite de l'invention). Il consigna ses folies dans un écrit

allemand, qu'il intitula : *Hirtentasche* (le Panne-
tière, allusion à celle que prit David allant attaquer
Goliath'. Eller mourut en 1750; sa secte, établie à
Ronsdorf, près d'Elberfeld, lui survécut peu de
temps.

EMMERICH (ANNE-CATHERINE).

Visionnaire allemande, née près de Munster, en
1774, morte en 1824; religieuse chez les Augus-
tines de Dulmen ; fort jeune encore, elle crut avoir
des visions, et jusqu'à sa mort, elle s'imagina être
favorisée de révélations surnaturelles ; le bruit se
répandit que son corps offrait l'empreinte des stig-
mates du crucifiement et qu'il sortait parfois du sang
d'une croix marquée sur sa poitrine. Quelques écrits
se rattachent à cette extatique qui eut son moment
de célébrité ; citons la *Douloureuse Passion de Notre
Seigneur d'après les méditations de la sœur Emme-
rich,* publiée par C. Brentano. Paris, 1855.

ENGELBRECHT.

Visionnaire allemand, vivait au XVIIᵉ siècle ; il
raconta longuement les visions dont il avait été
favorisé ; son corps était transporté à travers les
airs avec la rapidité d'une flèche. Après un court
voyage, il arriva devant les portes de l'enfer ; il y
régnait des ténèbres épaisses et une puanteur excessive. Il entendit des voix nombreuses qui criaient :

« O montagnes, tombez sur nous » ; des milliers de démons se jettèrent sur lui et voulurent l'entraîner avec eux ; il se défendit en priant avec ferveur ; les ténèbres qui l'enveloppaient se dissipèrent, le Saint-Esprit lui apparut sous la forme d'une colombe, le plaça dans un char d'or, et le transporta parmi les chœurs des anges.

Dieu lui fit donner par un ange, ordre de revenir sur la terre et de révéler aux hommes ce qu'il avait vu et entendu.

Le Saint-Esprit lui donna en un instant l'intelligence des Ecritures, et il sut plus qu'il n'aurait appris en cent mille ans.

Il eut la mission de prêcher la pénitence « parce que le jour du jugement approche. »

FAUVETY (CHARLES).

Parmi les faiseurs de religions nouvelles (ils sont nombreux) distinguons M. Charles Fauvety, journaliste en 1848, fondateur de la *Revue philosophique*, et apôtre de la *Religion rationnelle*. La *France mystique* de M. Erdan, pp. 826-836, reproduit un long exposé de cette doctrine.

Le *Criticisme français* de M. Charles Renouvier pourrait aussi être signalé ici : « Cette doctrine « a admis l'existence d'une loi périodique mais pro- « gressive, loi de formation, de groupement, de con- « servation, d'extension, de paléogénésie des phé-

« nomènes composant la personne dans le monde...
« le progrès du genre humain consiste dans l'ex-
« pansion graduelle du panthéisme et de l'absolu-
« tisme monothéiste et dans la conviction de plus
« en plus nette et raisonnée que l'homme se fait
« de sa liberté. »

FELGENHAUER (PAUL).

Visionnaire, né en Bohême, vers la fin du
XVIe siècle ; son père était ministre luthérien, et il
se destinait à la même carrière, mais la folie qui
se déclara chez lui, empêcha qu'il ne fut nommé.
Il crut découvrir que la date de la naissance du
Sauveur avait été mal fixée ; il la posa à l'an du
monde 4235, nombre mystérieux qui renferme un
double septenaire ; le monde (c'est un point bien
établi) ne doit durer que 6000 ans ; à partir de
1620, il aurait donc encore 145 ans devant lui ;
mais de fait, la catastrophe est plus proche, parce
que les derniers jours doivent être abrégés ; Felgenhauer prétendait connaître au juste le moment
fatal, mais il ne voulait pas le préciser. Il annonçait d'ailleurs les événements à venir, et il rado-
tait au sujet du millemum. Retiré en Hollande,
où il mourut vers 1660, il entassa une foule
d'écrits ; Adelung (IV. 400-407) en énumère 47 imprimés, sans parler d'une multitude d'autres restés
inédits ; les titres de quelques-uns donneront une
idée de ce qu'ils contiennent : *Speculum temporis* ;

*Prodomus Evangelii æterni; Aurora Sapientis;
Mysterium magnum; Palma fidei et veritatis,* etc.

F ERNAND (JACQUES).

L'Amour infini. Dieu et Patrie! Humanité.
Poème, « Fosses communes, temporaires, exhu-
mations, pas de crémations; mastic conservateur. »
Tel est le titre du tome VI (732 pages) petit in-8º
que nous avons sous les yeux; les cinq premières
parties (nous n'avons pas eu l'occasion de les con-
sulter), sont intitulées : « Patrie, l'Odyssée de l'exil.
— L'Humanité! la famille universelle! Le vaisseau
de Dieu — Dieu! la Patrie des âmes! la Patrie
céleste... universelle! — Patrie! Patrie et Liberté.
— L'Humanité! Egalité... Fraternité universelle! »
Nous n'entreprendrons point de reproduire quelques
passages de cette accumulation de vers étranges.
Disons seulement que le chant XLIV est intitulé :
  « Le Vaisseau!
  « Son nom?..... — L'ETERNEL.
  « D'où sort-il? De quel chantier? Du CHAOS. »
L'auteur annonce que dans la VIᵉ partie, il
« sonde les profondeurs de l'amour divin!... et de
« l'immortalité de l'âme!!! L'unité de ce poème
« se révèle à chaque page, grâce à l'amour qui
« l'anime! » M. Fernand (Jacques), appelle Lamartine; « mon maître bien aimé »; il promet d'autres
volumes devant suivre le sixième.

FERRAND (OLIVIER).

Auteur dramatique de fort bas étage, né en 1747, mort à Rouen en 1809 ; il était un peu fou et doué d'une fécondité déplorable. M. Frère (*Manuel du bibliogr. normand*, t. I, p. 463) a donné la liste de 55 de ces pièces de l'an IX à 1809, et qu'il serait impossible de réunir aujourd'hui. Quelques-unes sont modestement (mais à bon droit) qualifiées de rapsodies ; il en est avec des titres singuliers : *le Mort vivant, ou l'auteur ressuscité ; le Froc aux orties ; l'Auteur sans y penser.*

FIARD (l'abbé), né à Bourges.

La France trompée par les magiciens, et les démonolâtres du XVIIIe siècle ; 1803, in-8°. L'auteur soutient que la révolution française est l'œuvre immédiate du démon, exécutée par des hommes et des femmes qui étaient des démons revêtus de formes humaines, ou des démonolâtres, des adorateurs du diable, des magiciens. Il ajoute qu'il a depuis plus de quarante ans découvert cette grande vérité, qu'il n'a cessé de la proclamer à la face de l'univers, qu'il l'a dénoncée dans le *Journal de Verdun*, dans le *Journal ecclésiastique*, dans le *Spectateur de Toulouse* ; il en avait le 12 octobre 1773, averti l'Assemblée du clergé de France : « Messeigneurs, « il se commet dans le royaume un crime étrange... « un déluge de maux est prêt à fondre sur la

« nation, si on ne surveille pas les sorcières ou les
« diabolâtres... les magiciens sapent aujourd'hui les
« fondements du trône et de l'autel ; ils sont sans
« cesse et invinciblement poussés à commettre des
« crimes contre nature, des profanations, des sorti-
« lèges, des meurtres. »

Les phénomènes du magnétisme sont signalés par
l'abbé Fiard, comme des agissements diaboliques, et
on pourrait bien lui attribuer un livre publié en 1815,
*Le Mystère des magnétiseurs et des somnambules
dévoilé par un homme du monde.* En 1797, Fiard
soumit une partie de son travail à La Harpe qui lui
répondit, que les révolutionnaires n'étaient pas
d'assez grands sorciers pour mériter le soupçon
d'avoir fait un pacte avec le diable auquel d'ailleurs
ils ne croyaient pas.

Un autre ecclésiastique a repris à certains égards
la thèse de Fiard. Voir Wurtz.

FICHET (Adolphe), Clairfontaine, d'Alençon.

Ancien employé, devenu chansonnier des rues,
sans toutefois demander l'aumône. Il se croyait en
correspondance avec l'empereur Napoléon III, lui
écrivait, et prétendait lire la réponse de l'empereur,
compréhensible pour lui seul, dans certains articles
de journaux. Il sortait vêtu d'une souquenille, coiffé
d'un chapeau de saltimbanque et chaussé de gros
sabots. Comme il attaquait dans ses chansons. sans
rime ni raison d'ailleurs, et d'un décousu qui tou-

chait à la folie complète, certaines personnes et notamment des magistrats, qu'il accusait de lui avoir
fait perdre sa fortune, il fut condamné par le tribunal correctionnel d'Alençon à quelques jours de
prison, qui refroidirent son ardeur et son activité. Il
ne chanta plus qu'à mi-voix et pour ses amis.

FIELDING (Édouard).

*L'Amour glorifié, ou Traité de la vraie sagesse et
du vrai bonheur, selon la triple lumière divine de
la Grace, de l'Écriture et du Bon sens; ouvrage
d'un goût nouveau très instructif et très important
pour un chacun.* Altona, 1768, in-8°, ii-128 pages.

Le catalogue Ouvaroff, n° 132, indique trois
ouvrages en allemand de cet illuminé, dont le nom
révèle l'origine anglaise : *L'arbre de la science du
bien et du mal envisagé par les yeux de la philosophie, par un citoyen du monde.* Berlin, 1760 (il y a
un titre en hébreu); *Analogie de la naissance bibli-
que et spirituelle.* Breslau, 1786; *Vérités reconnues
à la lumière de la révélation et de la nature.* Breslau, 1787, 2 vol.

FLUDD (Robert), né en 1574, mort en 1637.

Physicien, alchimiste, théosophe, épris d'idées
bizarres, des rêveries de la Kabale; on peut très
bien le placer parmi les écrivains qui n'ont pas toujours eu la tête bien équilibrée; sa *Philosophia*

mosaica seule suffirait à cet égard. Le titre du livre nous apprend qu'il a pour base la connaissance essentielle de la sagesse éternelle. On a pris la peine de réunir ces nombreux écrits en 17 tomes in-fol., 1617-1628 ; personne ne les lit aujourd'hui. Renvoyons aux divers Dictionnaires biographiques. Wood en a parlé en détail dans ses *Athenœ oxonienses*. Fludd reçut de ses contemporains un titre honorable, celui de *chercheur* ; malheureusement il ne trouva rien de sérieux.

Focus.

Peintre de paysages de l'ancienne Académie, mort fou à Paris le 27 février 1708 ; Mariette (*Abecedario*, t. II, p. 235), dit avoir vu un recueil de dessins que ce malheureux avait faits dans les accès de sa folie, et où, parmi mille extravagances, il y avait des morceaux de paysages dessinés d'assez bon goût. Ce recueil a passé en Allemagne.

Forneret (Xavier).

Pièce de pièces. Temps perdu. Paris, 1840, in-8º. Livre imprimé seulement au recto.

Fourier (François-Marie-Charles) né à Besançon le 7 avril 1772, mort à Paris le 8 octobre 1837.

N'en déplaise aux phalanstériens, bien peu nom-

breux aujourd'hui et destinés à disparaître complètement, Fourier sera toujours rangé parmi les fous
qui ont voulu tenir une plume ; il suffit, pour avoir
à cet égard une conviction parfaite, de le lire, lorsqu'il expose les phases inégales d'enfance, de jeunesse, d'âge mûr, de décrépitude, que doit parcourir
notre planète pendant sa « carrière végétale » fixée
à 80,000 ans ; sa période heureuse doit comprendre
les sept huitièmes de la durée totale ; alors la terre
aura son *maximum* normal de population, trois
milliards d'habitants ; la vie moyenne sera de
144 ans, la taille sera de 7 pieds. « Il y aura habi-
« tuellement sur le globe 37 millions de poètes
« égaux à Homère, 37 millions de géomètres égaux
« à Newton, 37 millions d'auteurs comiques égaux
« à Molière et autant de tous les talents imagina-
« bles. » Pourquoi ce chiffre de 37 millions de nouveaux Raphaël, de nouveaux Michel-Ange, de
nouveaux Rossini ? Pourquoi pas 36 ou 38 ? N'entre-
prenons pas de sonder ces mystères ; continuons
d'écouter Fourier qui nous prédit que les glaces du
pôle boréal se fondront à la chaleur d'une couronne
rayonnante.

Nous ne placerons point ici la liste des ouvrages
de Fourier ; le programme de son fantastique système se trouve dans son premier ouvrage : *la
Théorie des quatre mouvements*. Leipzig (Lyon),
1808. Ne tenant aucun compte des réalités, il en-
tasse les assertions les plus délirantes.

La lecture des écrits de Fourier est des plus

pénibles par suite des digressions où l'entraîne continuellement le sautillement d'une pensée égarée, digressions qu'il décore des titres les plus bizarres, ainsi que l'a fait remarquer M. de Loménie : « entre « chaque chapitre, on trouve, soit une *antienne*, soit « une *postienne*, ou bien un *cis-lude*, un *trans-lude*, « un *post-lude*, une *epi-section*, une *citra-pause*, « une *ultra-pause*, un *citer-logue*, un *ulter-logue*, « un *post-logue*, etc. Un résumé s'appelle un *post-* « *alable*. » (*Galerie des contemporains*, t. X).

On a voulu faire de ce fou un homme de génie, un révélateur sublime des destinées futures de l'humanité ; cela n'a rien d'étonnant.

De nombreux écrivains ont discuté ce qu'il peut y avoir de discutable dans le système social préconisé par Fourier. Bornons-nous à citer M. Ferrari (dans la *Revue des Deux-Mondes*, 1er août 1845) et Louis Reybaud, dans ses *Études sur les Réformateurs*. Voir aussi l'article anonyme que contient la *Nouvelle Biographie générale*, t. XVIII, col. 348-353.

FRAICHE (LE CAPITAINE).

Résumé de mes études sur les vérités révélées à la Nouvelle Église dite la Nouvelle Jérusalem, ou les trois thèses de Jérusalem. Tarbes, Lavigne, 1837, in-8º.

Œuvre d'un illuminé.

FRANCK (SÉBASTIEN). Visionnaire allemand de

la première moitié du xvie siècle. Le titre d'un de
ses écrits donnera une idée du contenu :

*Das mit Sieben... Le livre fermé de sept sceaux
que personne ne peut ouvrir ni comprendre si ce
n'est ceux qui appartiennent à l'Agneau.* (Sans lieu
ni date). 1539, in-8° ; réimprimé en 1559 et en 1580.

On connaît de Sébastien Franck vingt-et-un autres
ouvrages du même genre, tous en allemand. On
ignore la date de sa naissance, et il y a eu de longues
incertitudes au sujet de sa patrie ; il paraît aujour-
d'hui constaté que c'est à Donauwerth qu'il vit le
jour. Dès 1528, il se faisait imprimer, et, comme
tous les autres aliénés de son espèce (cette race est
impérissable), il était plein de foi en lui-même, et il
trouvait des fidèles. Renvoyons d'ailleurs à Adelung
qui en parle avec détails.

Frécot Saint-Edme.

Bourguignon de naissance, devenu juge suppléant
au tribunal d'Alençon, maire de Hesloup, près de
cette ville, où il est mort vers 1820.

Auteur de cette fameuse et rarissime traduction
de *l'Enéïde* en vers français (Gide, vers l'an X,
in-8°), d'un mot à mot des plus singuliers et dans
l'ensemble d'un ridicule achevé. C'est une des productions les plus bouffonnes de ce siècle. Elle débute
ainsi :

Je, celui qui jadis sur un pipeau champêtre...

Je me rappelle encore les vers suivants :

Urbs antiqua fuit ; Tyrii temere colonis...

> Une antique cité fut ; des Troyens jadis
> L'habitèrent, de Tyr, de ses rives sortis.

Vox quoque per lucos sœpè exaudite silenses.
Ingens.

> Un bruit retentissait au fond des muets bois,
> Grand !

Ulmus opaca, ingens...

> Une orme énorme, épais, d'ombrage somnifère...
> Puis venait Halissus l'Agamemnonien,
> Irréconciliable à tout le nom Troyen...
> La mâchoire d'un loup, tout l'orifice ouvert,
> A dents blanches sa gueule, est sur son front couvert...

Il n'y a pas un vers passable — pas un ! — dans cet énorme fatras.

Saint-Edme ne manquait pourtant pas de savoir ni de sens en tout ce qui ne touchait pas à la traduction de *l'Enéïde.*

J'ai de lui une petite comédie de société, inédite, assez raisonnable sinon piquante.

La préface de sa traduction est assez bien tournée.

L'ouvrage, retiré par la famille, est d'une insigne rareté. (**J**. D. L. S.)

FOX (GEORGE), illuminé, né en 1621, mort en 1690. Fondateur de la secte des Quakers. Ses ouvrages, parmi lesquels on distingue : *The great Mystery of the great Whole unfolded* (le grand Mystère du grand Tout dévoilé). Londres, 1659, in-fol., sont tellement nombreux que Lowndes, dans son *Bibliogr. Manual*, n'a pas osé entreprendre d'en donner la liste. On en a réimprimé une partie à Philadelphie en 8 volumes in-8° : Le *Journal de sa vie, de ses voyages, de ses souffrances* est fort curieux ; 1693 ; 7e édition 1852 ; la *Retrospective Review*, tom. XI, lui a consacré un article. Voir les vies de Fox (*Live of Fox*) par Jonah March, 1848, et par S. Janney, 1853, in-8° ; Sewel, *History of the Quakers*, etc.

Fuzi (Antoine).

Il s'agit ici d'un grave personnage, docteur de l'université de *Louvain*, docteur en théologie se qualifiant de « protonotaire apostolique, prédicateur et confesseur de la maison du roi » ; il se mit en tête, après d'étranges expériences, que le sang menstruel des femmes avait la propriété d'éteindre les incendies ; vieux ligueur et homme sans mœurs, il fut mis en prison, y passa cinq ans, s'enfuit à Genève et abjura le catholicisme. Irrité contre Nicolas Vivian, maitre des comptes, auquel il attribuait les poursuites dont il était l'objet, il lança en 1609 un volume des plus étranges : *le Mastigophore ou Précurseur du Zodiaque auquel sont brisées les brides à veau de Justin Solanic* (anagramme, *traduit du latin en français, par maitre Victor Crevé, géographe microscopique*. Il y a dans ce volume insensé (320 pages) de l'érudition, de la vigueur dans l'invective ; les langues mortes et vivantes, les patois, les expressions rabelaisiennes, sont mis en œuvre pour servir la colère de Fuzi.

Transcrivons quelques-unes des aménités qu'il adresse à son ennemi :

« Cesse, vieux ladre, cesse, anthropophage, de
« sucer la substance humaine, de la pressorier ;
« docteur en droit civil et incivil, en vin et verjus,
« en sauce et potage, à la cuisine et au cellier, tu
« as une âme brune comme la sueur d'un ramoneur
« de cheminée dont tu fais un pissefard pour te
« laver ; c'est à toi à faire planter des choux sur
« les ailes d'un moulin à vent ; tu as la langue plus
« grande qu'il ne faut pour servir d'écouvillon
« à torcher un four. Regarde moi un peu, mon
« mulet ; ne te mets pas en fanfare ; tu n'en montres
« que mieux ta ratepelade. Depuis qu'il a plu dans
« ton écuelle, tu t'es retiré de pair d'avec ceux
« qui vendent des chiens pour avoir du pain ; ta
« tête n'est pas cuite ; tu es une chandelle sans suif,
« un apothicaire sans sucre, une cervelle composée
« de tête de lièvre... »

M. Du Roure (*Analecta Biblion*, t. II, 128), a parlé avec détails de Fuzi, ainsi que M Delepierre, p. 58, et Nicéron, *Mémoires*, t. XXXIV.

Fuzi, devenu calviniste, publia un autre ouvrage dirigé contre la papauté : *le Franc-Archer de la véritable église*. Même style, mêmes invectives que dans le *Mastigophore*.

Observons en passant que la découverte dont Fuzi se faisait un titre de gloire a été discutée par Kornmann : *De Virginitate*, cap. 51 : « Quae causa, « quod virginis primum meustrum fluxum haben- « tis, camisia in ignem projecta eum siztat ? » Il cite à cet égard Pline, Isidore, Bartholomæus Anglicus (de Glanville), etc. On a prétendu aussi que ce sang jeté à propos dans la mer calme les tempêtes ; quel-ques sectes gnostiques en faisaient usage dans leurs mystérieuses cérémonies.

F. V. C. (FRANÇOIS VIDAL COMNENE).

L'Harmonie du monde où il est traité de Dieu et de la Nature Essence. Paris, 1671, in-12, XVI, 262. Autre édition (sans lieu, mais Moscou) 1786, VIII, 152 pages.

Œuvre d'un illuminé qui se qualifie de « docteur en la Sacrée faculté et advocat en Parlement. »

GAGNE (PAULIN), né vers 1814, mort au mois d'août 1876, un des écrivains les plus excentriques et des plus féconds que possède notre époque ; reçu avocat, il ne s'occupa guère que de poésie et de productions du genre le plus étrange. Abordant le problème d'une langue universelle, objet des méditations de quelques intel-ligences de la plus haute valeur et de bien des cerveaux faibles (1), il ne parvint nullement à la résoudre en publiant, en 1842, la *Gagne-Mono-panglotte* formée de la réunion radicale et substantielle de toutes les langues mères, mortes ou vivantes. Parmi ses divers écrits, nous signalerons l'*Océan des catastrophes* et l'*Unitéide*, c'est-à-dire l'unité napoléonienne sauvant le genre humain, grâce à l'assistance de la femme *Messie* et *Créatrice*. (La femme jouant un rôle surnaturel est une des aberrations les plus chères aux écrivains qui ont dit adieu au bon sens).

L'*Unitéide, ou la Femme Messie* est un poème en douze chants et en soixante actes. Nous ne résistons pas au désir d'en transcrire le début.

« Peuples et rois, je suis la Philosofluide
« Fille de la Nature et du siècle sans guide,
« Je viens vous apporter le grand passe-partout
« De la philosophie ou principe de tout,
« Des purs esprits frappeurs ayant l'amour suprême.
« La Philosofluide est la sagesse même...

La Philosofluide prend la parole :

« Peuples, vous entendez cette magique voix
« Qui me remplit d'extase en m'offrant le pavois.
« Ah ! devant ce grand verbe aux parfums fluivores
« Je sens que les Esprits sortent de tous mes pores.

M. Delepierre, dans son *Essai* (p. 85) parle de l'*Unitéide,* « la plus bizarre agglomération de noms

(1) Leibnitz avait touché à cette question.

fantastiques et de vers saugrenus que puisse inventer le cerveau humain. »

On y voit figurer l'*Ane-Archide*, *Demounas*, le précurseur de l'Antechrist, la *Panarchie*, la *Dive Insania*, le *Bœuf Apis*, l'*Archimonde* et son épouse la *Presse*, la *Pataticulture*, la *Ratiothéïre*, qui a une discussion avec la comète Trouble-Tout.

A la rigueur, on pourrait prendre ces étrangetés pour la parodie de choses non moins extravagantes qui se rencontrent dans certains livres dûs à des auteurs auxquels l'esprit de parti a donné une réputation que rien ne justifie. L'*Ashavérus* d'Edgard Quinet est un digne précurseur des extravagances de M. Gagne. Un écrivain, bien plus sérieux, Népomucène Lemercier, avait, dans sa *Panhypo‑crisiade*, donné l'exemple dangereux de ces excentricités.

M. Gagne s'en prend parfois à des personnages fort connus de nos jours; il travestit leurs noms d'une manière qui permet de les reconnaître sans beaucoup de peine.

> Parlez donc ;
> Sans dormir, si je puis, j'écouterai vos rêves ;
> Parlez, Pierre Xourel, Nodourp, Urdel-Nillor,
> Louis Cnalb, George Nasd, Narrédisnoc Sansor,
> Tebac, Ogu, Sam peuz, et vous tous grands apôtres...

L'*Histoire des Miracles* contient l'auto-biographie de l'auteur qui s'intitule *Baron des Fous*, et qui raconte son séjour dans une maison de santé. En 1863 et en 1869 M. Gagne s'est présenté aux suffrages des électeurs de Paris en qualité de « candidat surnaturel universel et perpétuel. » Il n'a recueilli, il faut l'avouer, qu'un bien petit nombre de suffrages.

Le *Calvaire des rois*. 1863, le *Congrès sauveur des rois et des peuples*. 1864, un journal, l'*Unité*, rédigé tout en vers, une foule de brochures de circonstance et de poésies, tout cela pourrait fournir de très-nombreuses citations, mais nous n'avons déjà parlé que trop de ce plus qu'excentrique écrivain. Il laissa d'innombrables manuscrits, entre autres un dictionnaire archi-humain dans lequel il a essayé de fondre en une seule langue toutes les langues humaines.

GAILLARD (le sieur ANTOINE).

Nom probablement supposé d'un auteur excentrique dont les *Œuvres* (Paris, 1634, in-8°) sont très recherchées des bibliophiles (1); il se qualifie de « laquais de l'archevêque d'Auch » et il dédie ses écrits à « ses camarâdes laquais » ; il ajoute : « dans ma pauvre naissance, Dieu n'a pas dédaigné « de me luire à un poinct que je puis me vanter « d'estre un miracle en la nature. » Il forge des mots extraordinaires ; on serait embarrassé de dire s'il se moque de ses lecteurs ou s'il est sous l'influence d'un cerveau mal équilibré.

(1) A la vente L. de M. (Lebœuf de Montgermont) en janvier 1877, un bel exemplaire a été payé 290 francs.

Voir : le *Catalogue* Soleinne, n° 1024, la *Bibliothèque poétique* de Viollet le Duc, I. 443.

GANNEAU, dit le MAPAH.

Ce personnage, après avoir mené une vie assez tapageuse (c'est M. Erdan qui nous l'apprend), se jeta après 1830, dans l'humanitarisme, à la mode à cette époque ; il devint fou, c'était inévitable.

Il publia sous un titre assez peu à sa place : *Waterloo*, une brochure du prix de 25 centimes, signée LE MAPAH (1). On lisait sur le frontispice en majuscules retentissantes :

Au nom du grand Evadah.
Au nom du grand Dieu,
Mère, Père,
A Paris, à l'Univers
Expansion
Amour.

Le Dieu de Ganneau, c'était la fusion d'Eve et d'Adam, l'embrassement de la maternité et de la paternité. Les idées de ce genre conduisent infailliblement à troubler la raison. On en trouve la preuve dans les aberrations érotiques de Michelet, chez lequel la plus triste des monomanies éclate

(1) Ce mot était destiné à représenter la mère et le père, qui, par leur union, sont la source de la race humaine. Le nom primitif de la grande déesse ou mère phrygienne était *Ma* (voir les ouvrages cités dans une notice de M. Fr. Lenormand sur le dieu Sabazius. *Revue archéologique*, t. XII (1874), p. 380. A côté d'elle, le *Papa*, barbu, figure sur des monuments antiques.

dans la plus ferme des évidences. Aussi a-t-il eu de nombreux lecteurs et des admirateurs.

D'après le Mapah-Ganneau, « Waterloo est le Golgotha-peuple; Waterloo est le Vendredi-Saint du grand Christ peuple. »

L'ex-abbé Constant qui a écrit des livres très-justement condamnés, et qui n'a pas dédaigné d'initier le public aux secrets de la plus haute magie, a adressé à M. Erdan au sujet du *Mapah* une longue lettre que celui-ci a publiée; d'après lui, Ganneau était une intelligence d'élite, un artiste surabondant, un poète trop riche pour achever une œuvre, un génie toujours en effusion, une éloquence toujours intarissable. — D'autres personnes qui ont eu l'occasion de voir le Mapah en ont conservé une idée moins enthousiaste; ils n'ont vu en lui qu'un aliéné horriblement loquace, débitant sans reprendre haleine des flots d'insanités. Quoiqu'il en soit, il ne parvint pas à faire quelque bruit, et il mourut parfaitement ignoré.

L'*Intermédiaire* signale, sans donner de détails, deux tableaux imprimés et fort bizarres relatifs à la doctrine de ce personnage dont Alexandre Dumas a fait mention dans *Mes Mémoires*. Voir aussi les *Célébrités de la rue*, par Ch. Yriarte.

M. Ed. Fournier ayant parlé de la mission maternelle et pa-ternelle du Ma-pah dans le journal la *Patrie*, 7 décembre 1857, et l'ayant annoncé comme mort, un parent répondit qu'il vivait encore à Nice, mais il paraît qu'il y a erreur. Le Ma-pah était mort en 1853, puisque la veuve Ganneau (sic), écrivait le 13 octobre à Alexandre Dumas pour protester contre les assertions renfermées dans les *Mémoires* du célèbre romancier que publiait alors la *Presse*. Ganneau était né à Lormes (Nièvre) et portait les prénoms de Jean-Simon.

Gassner (Jean-Joseph).

Né dans la Souabe, en 1727, curé près de Coire, se posa en thaumaturge et se fit fort de guérir les maladies qui affligent l'espèce humaine et qui, pour la plupart, sont l'œuvre du démon. Il prétendait avoir réduit l'esprit de ténèbres à être son esclave, et il le soumettait aux prescriptions les plus étranges. Après avoir joui d'une vogue brillante, après avoir opéré bien des miracles. Gassner, qui, dupe de son imagination agissait de bonne foi, désavoué par les chefs de l'Église, se confina dans la retraite et mourut fort oublié en 1797. Il avait publié à Augsbourg en 1775, un écrit allemand : *Weise... oder nutzliche Unterricht...* (Instruction utile pour lutter contre le diable).

Gérard de Nerval, né à Paris en 1808,
mort suicidé le 24 janvier 1855.

Son véritable nom était Gérard Labrunie ; cet excentrique personnage était doué d'un certain talent, mais il fut étrangement surfait par la camaraderie, par les réclames de ses éditeurs et par des journalistes en quête de sujets propres à attirer le lecteur. Il serait inutile de rappeler ici les titres de ses nombreux ouvrages ; ils sont énumérés dans la *Nouvelle Biographie générale*, t. XX, col. 178, et dans la *Littérature française contemporaine,* de M. Bourquelot et A. Maury ; aujourd'hui ils sont oubliés.

Dès 1841, sa raison s'était égarée ; pendant une nuit de carnaval, on le trouva nu dans la rue. Il fut placé dans une maison de santé ; la raison revint, mais elle devait disparaître plus tard. Il raisonnait ses étranges exaltations, et, dans un article inséré dans la *Revue de Paris*, il a retracé l'histoire de ses sensations pendant un de ces accès. M. Eugène de Mirecourt l'a qualifié avec raison de « naïf « enfant du rêve, s'en allant au hasard sans souci « des réalités de l'existence. »

GIANOTTI (Honoré).

Demeurant à Paris, auteur de diverses motions et propositions, imprimées, autographiées et manuscrites, adressées soit aux membres, soit au président de l'Assemblée Nationale et ayant trait à une révolution dans les mathématiques. Dans son *Cinquième défi formel à l'Assemblée Nationale.* Paris, 12 mai 1875 (Lithogr. Coulbœuf), il dit : « Il y a 13 mois que l'Académie de France a reçu 63 problèmes résolus et prouvés selon les règles de

la science. Quel bonheur pour elle si elle eût pu me
dire : « Vous voulez nous donner une science que
vous ne connaissez pas ! » Elle se serait débarrassée
de la plus mauvaise affaire qui lui ait été présentée
depuis qu'elle existe. Cette science que je connais
parfaitement, ne me vient pas des hommes, parce
qu'elle a été confiée à moi seul. C'est une mercerie
de contrebande que Dieu, contrebandier, a intro-
duit (sic) dans la science, sans payer l'octroi. C'est
pourquoi je prétends de (sic) l'implanter... »

Suit l'énoncé d'un problème géométrique présenté
à l'Assemblée pour qu'elle le résolve en dix jours.
Ce délai passé, l'auteur partira pour l'Italie.

GICHTEL (JEAN-GEORGE), né en 1638 ; illuminé
allemand.

Dès l'âge de douze aus, il restait des journées
entières dans les champs, afin de converser avec la
divinité ; à seize ans, il crut voir le *spiritus mundi*
qui avait pris la forme d'une grande roue de diverses couleurs. Il étudia le droit, passa quelques
années à Spire et à Ratisbonne, et se rendit en
Hollande où les gens à idées bizarres jouissaient
d'une tranquillité qu'ils ne trouvaient pas toujours
en d'autres pays. Se plongeant dans les mystères de
la théosophie la plus transcendante, il débita force
extravagances ; il raconte gravement que le démon,
dont il s'était fait un ennemi implacable, lui appa-
raissait fréquemment, le tourmentait avec fureur,

lui jetait du feu à la figure. Une de ses manies était de déclamer avec la plus grande énergie contre le mariage, et il s'efforçait de persuader aux époux d'observer une continence rigoureuse. Il eut quelques disciples, notamment un riche marchand de Francfort, nommé Uberfeldt ; il mourut en 1710, laissant quelques écrits devenus à peu près introuvables : *Theosophia practica*, publiée après la mort de l'auteur par Uberfeldt et précédée d'une ample et enthousiaste notice biographique (*Béthulie*, c'est-à-dire *Francfort*) ; *Brève ouverture et explication* (en allemand) *des trois principes qui sont dans l'homme (Amsterdam)*. 1696, etc. Sa vie, écrite par J.-G. Reinbeck, a paru à Berlin en 1722, d'après des notes qu'il avait laissées et dont elle reproduit fréquemment des passages entiers. Voir aussi : Adelung, *Histoire de la Folie humaine*, t. VII, p. 164-189.

GLEIZÈS (J.-A.), né en 1773, mort en 1843.

Thalysie, ou la Nouvelle Existence, système physique et intellectuel de la nature. Paris, 1821, in-8⁰.

M. Champfleury, qui a connu personnellement Gleizès, en parle dans ses *Excentriques*. Paris, 1856, p. 191 et suiv, ; il s'exprime ainsi à l'égard de ce systématique personnage :

« Gleizès fut pendant 40 ans un détracteur « acharné de la viande. Il publia plusieurs volumes « fastidieux pour chanter le régime des herbes.

« Jean-Jacques Rousseau donna un peu dans ce tra-
« vers, mais l'auteur d'*Émile* ne joignait pas la
« théorie à la pratique. Gleizès se sépara de sa
« femme qu'il aimait, uniquement parce qu'elle ne
« voulait pas renoncer à la viande.

« L'auteur de Thalysie tenait d'autant plus à son
« système qu'une nuit il fut réveillé par une voix
« qui lui criait : « Gleizès veut dire église, sois prêtre
« de cette église. »

« Gleizès mourut après avoir fait paraître huit
« ou dix volumes ; comme il vivait à l'écart, aucun
« disciple ne vint à lui : ce fut seulement après sa
« mort que quelque attention se dirigea sur son
« système. On en parla en Allemagne, et une asso-
« ciation anglaise, peu nombreuse d'ailleurs, la
« *Vegetarian Society* a placé son portrait dans la
« salle de ses réunions. »

Parmi les écrits de Gleizès, signalons une brochure : *Aux Gourmands de chair* ; elle vit le jour peu
après la révolution de 1848 et était signée : *Jupille
le Thalysien.*

La viande est athée ! Les fruits contiennent seuls
la vraie religion. Le régime des herbes est l'anti-
dote de tous les maux. Adam a été puni pour s'être
nourri d'un animal mis à mort méchamment.

La *Thalysie,* ou la *Nouvelle existence* consiste
dans l'abstention de la chair et dans la manducation
exclusive des herbages, du laitage, des objets où la
vie organique n'est pas arrivée à l'état de sensations. Voir la *Nouvelle Biographie générale,* XX,
815, et Erdan, *France mystique,* p. 648 et suiv.

Un avocat parisien, A. Blot-Lequesne, se fit, jusqu'à un certain point, le champion du système de
Gleizès où il trouve un mélange de vérité et d'erreur. *Fragments de philosophie sociale, ou Études
sur les socialistes modernes. Premier fragment.
Examen du système thalysien.*

GOUAZE, prêtre à Toulouse, mort en 1812.

On publia après son décés ; la *Consommation des
siècles prouvée par les textes et les analogies des
livres saints*, par M. G...... Lyon, 1823 (L'auteur
fixe à 6,000 ans la durée du monde). *Les Précurseurs
de l'Antechrist.* Une édition indiquée comme la
septième, parut en 1822. L'auteur précise nettement les dates ; l'homme de péché, l'Antechrist,
paraîtra en 1912 ; il règnera 45 ans ; il sera ex-
terminé en 1957 ; ce sera en 1913 qu'on entendra
les premiers sons de la trompette du jugement dernier.

GRAGANI, médecin italien de la fin du quinzième
siècle.

C'est à M. Delepierre que nous devons de le connaître ; le savant bibliographe nous apprend que Gra-
gani était un médecin distingué, qui, enfermé à Pise
dans un hospice d'aliénés, et possédé de la manie
d'écrire, rédigea un traité *De Philosophia Aristo-
telis*, publié à Pise en 1496, et dont le but était
d'établir qu'Aristote n'avait jamais existé.

GRAVE (J.-B. DE).

Ecrivain flamand, mort en 1805, il avait fait partie du Conseil des Anciens, à l'époque du Directoire; entre autres écrits, il a laissé trois volumes in-8° (Gand, 1806), *République éliséenne;* le titre, fort développé, expose le plan de cet ouvrage ; l'auteur s'efforce d'établir que les Champs-Élysées sont les îles du Bas-Rhin ; là est le berceau des sciences, des arts, de la civilisation ; Ulysse y aborda ; le tout entremêlé de divagations sur Orphée, sur les Cimmériens, etc., Une vaste érudition, fort intempestivement déployée, s'étale dans cet amas de rêveries.

GUILLAUME (MAITRE).

Tel est le nom donné à un apothicaire de Louviers, qui s'appelait Marchand ou Le Marchand, et qui, ayant perdu le peu qu'il avait de raison, devint fou en titre d'office à la cour d'Henri IV. Il en est fort question dans les ouvrages relatifs à ces bouffons; nous ne reproduirons point les détails dans lesquels ils entrent. Voir : les *Recherches historiques sur les fous des rois de France*, par A. Canel. 1873, pp. 207-230; une note de M. Ed. Fournier, p. 263 de son excellente édition des *Caquets de l'accouchée* (1855), la *Nouvelle Biographie générale*, tom. XXII, col. 703.

Du vivant de maître Guillaume et pendant plusieurs années après sa mort, on vit paraître sous son nom un grand nombre de pamphlets satiriques et burlesques. Peut-être était-il l'auteur de quelques-uns de ces écrits ; en tout cas il les vendait sur le Pont-Neuf. L'Estoile, dans son journal (16 septembre 1606), dit avoir baillé « cinq sols à maistre « Guillaume de cinq bouffoneries de sa façon qu'il « portait et distribuait lui-mesme. »

Une réunion de ces opuscules serait aujourd'hui bien difficile à former ; M. Weiss en a donné dans la *Biographie Universelle*, une liste étendue mais qui n'est point complète, bien qu'à l'article consacré à P. de Hostal, il ait transcrit d'autres titres. M. Canel est arrivé à enregistrer 72 de ces opuscules.

Le catalogue imprimé (*Paris, Techener*, 1839, 3 vol. in-8°), de la bibliothèque de M. Leber (acquise par la ville de Rouen), offre, n° 4291-92, un certain nombre de ces écrits.

GUILLOT (Honoré), dit *Homère posthume*, puis plus tard le *Postérieur d'Homère,* s'intitulant aussi *Poète de la nature et des amours.* 1812-1814.

Un manuscrit in-fol. contenant les élucubrations poétiques et la correspondance de ce personnage, figure au catalogue de la bibliothèque dramatique de M. L. Sapin (février 1878), n° 1588. Guillot avait été cuisinier ; il était un peu acteur à l'occasion ; il entreprit un poème sur Napoléon ; il avait été nommé membre d'une société badine, la *Société dramatique littéraire* ; elle lui donna des surnoms qu'il prit au sérieux.

Guyon (Madame).

Nous ne pouvons refuser une mention à cette mystique célèbre (née en 1648, morte en 1717), mais elle est trop connue pour que nous ayons à en parler avec détails. Renvoyons à l'article que lui a consacré M. L. Louvet dans la *Nouvelle Biographie générale* (t. XXII, 93-94) et aux auteurs qu'il indique.

M. F. Ravaisson a parlé de Mme G., dans son importante publication : *Archives de la Bastille*, t. IX, 1878, non sans tomber dans quelques erreurs qui ont été relevées dans la *Revue historique*, mai 1879, p. 203, laquelle ajoute : « Peu de femmes « furent calomniées comme Mme Guyon et avec « autant de persévérance. Il n'y en a peut-être pas « dont la vertu soit plus inattaquable aujourd'hui. « Sa vie a été fouillée dans tous les sens, par ses « amis, par ses ennemis, dans une interminable « enquête. »

 Hagelgansz (Jean-George).
Illuminé allemand ; il mit au jour à Francfort, en 1743, deux volumes : *Sphœra cœlestis mystica*..... *Sphœra infernalis mystica* ; chacune de ces sphères *Ex arithmologia*

ac metrologia sacra representata et demonstrata ; xvi et 343 pages avec 8 grandes planches dont 4 color. ; xii et 352 pages avec 5 planches. Malgré ces titres latins, ces livres sont en allemand ; le cat. Ouvaroff, n° 108-109, donne les titres détaillés de ces amas de divagation.

HALL (ROBERT), mort le 27 février 1831.

M. Delepierre, p. 100, nous fait connaître cet individu qui, fils de paysan, se livra à l'étude avec passion, embrassa la carrière ecclésiastique et devint un prédicateur des plus éloquents ; malheureusement l'excès du travail, la surexcitation intellectuelle lui firent perdre la raison ; il la recouvra plus tard, mais d'une façon imparfaite M. Alibone, *A critical Dictionary of english literature.* 1859, pp. 764-767, donne des détails très étendus sur cet écrivain, doué d'un talent des plus remarquables ; un philosophe illustre, Dugald Stewart, a dit de lui : « Si vous voulez voir la langue anglaise dans toute « sa perfection, ouvrez les écrits du grand Robert « Hall ; il réunit les beautés de Johnson, d'Addison « et de Burke, et il n'a pas leurs défauts. »

HENNEQUIN (VICTOR).

Ce partisan des idées de Fourier fit partie de l'assemblée élue en 1848 ; M. Erdan, qui lui a consacré un chapitre dans sa *France mystique*, t. II,

p. 506, observe que, dans ses derniers ouvrages : *Sauvons le Genre humain*, et la *Religion*, il y a un mélange si bizarre de sens droit et de déraison, que bien des personnes ont voulu voir un jeu dans ces excentricités. C'est une erreur ; Hennequin a réellement présenté le phénomène singulier d'une intelligence moitié aliénée, moitié maîtresse d'elle-même ; il a été un fou exceptionnel, un fou de sang rassis.

Les tables tournantes et parlantes troublèrent le cerveau d'Hennequin. « Il s'exalta d'une manière indicible. On le voyait dans les rues, écrivant de son doigt sur le vague de l'air ; il prétendait que de cette écriture résultaient des caractères très-visibles pour lui. Il affirmait avoir sur la tête une *trompe aromale* par laquelle les âmes répandues dans l'espace lui faisaient des communications ; il donna la description et même un dessin de ce singulier organe. Il annonça qu'il était en communication avec l'âme de la terre ; il parle de l'âme du soleil, de l'âme de Saturne ; d'après lui, comme d'après Fourier, l'âme de la lune s'est séparée de son corps, et il ne reste qu'un astre pourri qui est pour la terre la cause de mille maux. En maint endroit, il est question des passions, des volontés, des amours des astres. On sait que si Fourier n'était pas venu, les planètes se disposaient à retrancher de leur commerce notre globe malade.

Hennequin nous apprend que dans la vie future, bien des hommes, et des meilleurs, deviendront femmes, et, par dessus le marché, sous-dieux. Il écrit gravement :

« L'empereur Napoléon, dernier sous-dieu promu,
« a passé directement après sa mort de la 1re couche
« dans la 7e, mais il doit, à partir de 1821, y passer
« 86 ans, comme femme, avant d'exercer sa dignité. »
Quant à Hennequin lui-même, il sait ce qui l'attend :

« Des âmes, relativement très rares, sont destinées à devenir sous-dieux. Je dois l'être après mon existence féminine du 7e degré dans le monde supérieur. J'entrerai dans Vesta comme 30e sous-dieu. »

Lorsque l'harmonie phalanstérienne sera établie sur notre globe, la vie humaine durera 144 ans tout au moins.

Arrêtons-nous ici ; nous n'avons que trop parlé de la folie d'Hennequin ; elle exagérait les théories de Fourier, qui, au fond, n'étaient pas moins extravagantes.

HENRION (CHARLES).

Littérateur français, esprit excentrique, et qui, finissant par une folie complète, mourut à Charenton en 1808. Il a laissé de nombreux ouvrages complètement oubliés ; la *France littéraire* de Quérard en donne la liste dépourvue aujourd'hui de tout intérêt ; quelques-unes de ces productions ont des titres bizarres, témoignage de l'excentricité des idées de l'auteur : *Mémoires philosophiques sur l'origine des sylphes, des gnomes, des salamandres, des nymphes.* 1798 ; *les Incroyables et les merveilleuses,*

ouvrage impayable. 1797 ; *le Voleur et l'Amant,
comme on n'en voit plus, vaudeville en style narco-
tique.* 1801 ; *le Mariage à coups de pierres,* vaudeville. 1805.

HENRION (NICOLAS).

Savant distingué, qui se laissa tomber dans des
idées absurdes.

Né à Troyes en 1663, mort en 1720, il possédait
une érudition réelle ; il était versé dans les langues
orientales ; malheureusement sa tête s'égara. En
1718, il vint lire à l'Académie des Inscriptions, fort
étonnée, un extrait d'un immense travail qu'il avait
entrepris sur les poids et mesures des anciens. Pour
en donner une idée, nous emprunterons à l'éloge de
cet érudit (Éloge inséré dans l'*Histoire de l'Académie
des Inscriptions*), un passage que Chaudon dans
son *Nouveau dictionnaire historique*, et Desessarts
dans ses *Siècles littéraires*, se sont appropriés sans
en indiquer la source, ainsi que le fait remarquer
la *Biographie universelle*. On y voit qu'Henrion
apporta en 1718 à l'Académie un mémoire dans
lequel il prétendait établir que la taille d'Adam dépassait 140 pieds ; malheureurement, depuis, la sta-
ture humaine avait toujours été en décroissant. Noé
n'avait plus que 50 pieds, Abraham 40 et Moïse 25 ;
Hercule fut réduit à douze pieds, et Alexandre ne
dépassait guère dix pieds et demi. Toutes ces extravagances s'appuyaient sur des textes hébreux ou
grecs dont le sens était complètement défiguré.

HERPAIN, dit USAMER.

Celui-ci était un Belge qui, vers 1848, devint aliéné comme bien d'autres, en méditant sur la rénovation de l'ordre social. Il fit imprimer trois épîtres dédiées : *A mes contemporains,* et voulant être compris de tous les peuples sans avoir besoin de traducteurs, il inventa un langage nouveau qu'il qualifia de *physiologique.* Il en exposa les principes dans un écrit qu'il adressa à toutes les assemblées législatives de l'Europe. Il prévient que les caractères nouveaux n'ayant pas tous été fondus, il a fallu se servir de quelques chiffres au lieu de lettres. Une version est d'ailleurs jointe au texte, et la précaution n'est pas superflue. On en jugera par une courte citation que nous empruntons à M. Delepierre (*Essai,* p. 129).

« Invocation.

« Stut5ny sacto oprolit2al in foʌ2al ooo otano.

« Aussitôt que votre présence majestueuse eût « éclairé le néant, le néant fut fait le milieu de « l'existence. »

Parfois Usamer se livre à des prophéties tout aussi niaises que celles que font entendre de nos jours certains marchands d'emphase non moins absurdes que lui : « Le vieux corps social, chance-« laut sans destinée, sans but, respirera le principe « d'une vie immortelle en inspirant le souffle inex-« tinguible de l'esprit du progrès. »

HESSE (CHARLES DE), ROTHENBOURG.

Ce prince, né en 1752, entra au service de la France, fut élevé au grade de maréchal-de-camp, et lorsque la révolution éclata, il en embrassa les principes avec ardeur. Affilié aux Jacobins, il fut compromis dans plusieurs complots, notamment dans celui de Babœuf. Retiré en Suisse, il se mêla de prédire l'avenir; sa tête n'était pas saine; il eut le tort de prophétiser d'abord la chute de Napoléon et plus tard celui d'annoncer que les Bourbons seraient expulsés une troisième fois. Tracassé par la police, il se retira à Francfort en 1821. C'est de lui que Despaze disait dans une de ses satires :

« Il insurge en espoir Madrid, Berlin et Rome,
« Aux esclaves de Paul, il lit les Droits de l'homme ;
« Harangue les Lapons, et dans son noble essor
« Plante sur leurs traîneaux l'étendard tricolor. »

HILDEGARDE (SAINTE), abbesse allemande, morte en 1180.

Parmi ses ouvrages, on distingue *Revelationes*, *libri tres*. Coloniæ, 1566, in-4° ; plusieurs réimpressions; celle de Cologne, 1625, contient de plus les révélations de Sainte-Élisabeth de Schonaw. Wolf a inséré dans ses *Lectiones memorabiles*. 1609, quelques-unes de ces prophéties assez étranges.

HOBURG (CHRISTIAN).

Illuminé allemand, vivait au XVIIᵉ siècle. Entre autres écrits il publia une *Theologia mystica* (en allemand, malgré son titre latin), qui parut en 1656 et fut réimprimée à Francfort en 1717, 3 vol. in-8°. Quelques-uns de ses ouvrages ont paru sous le pseudonyme d'Elias Pristorius. Voir le *Dictionnaire* de Chaufepié, II, 143.

HOGERINN (ANNA OWENA).

Une de ces visionnaires dont la science explique sans peine le grand nombre parmi les femmes. Celle-ci était née en 1584 dans le duché de Schleswig; son père, nommé Owen, était riche et s'occupait un peu d'astrologie; en 1599, elle épousa un magistrat, Herman Hoyer; elle eut un fils unique, mort en bas-âge; elle se lia avec des soi-disants prophètes, avec des monomanes, alors fort nombreux en Allemagne, elle se crut animée de l'inspiration divine; elle débita de vive voix, elle écrivit des prédictions tout aussi insensées que celles qui, depuis, ont surgi en si grand nombre. Elle mourut en 1656, laissant divers ouvrages en allemand; une partie d'entre eux est en vers. Adelung en transcrit de longs passages. (Voir IV, 193-210), et il renvoie à un livre de J.-H. Fuestling, que nous n'avons pu rencontrer et qui est sans doute curieux au point de vue des aberrations féminines : *Gynecœum hœreticum fanaticum.*

HORCH (HENRI), illuminé allemand, né en 1652,
mort en 1729.

Après avoir mené une vie errante et misérable, il
commença en 1689 à publier le récit des révélations
dont il se croyait favorisé ; Dieu l'avait placé sur
une montagne très élevée, et lui avait montré des
agneaux ayant sur la tête des couronnes d'or.

Adelung donne la liste des nombreux écrits de
cet aliéné ; bornons-nous à en mentionner quatre :

Noctes Nassovicæ exhibentes elementa ad investi-
gandas gratiæ divinæ dimensiones. Herborn, 1695.

Disputatio Aaron et Melchisedech, seu Euclidis
sacri specimen. 1697, in-4°.

Præco salutis ad obstetricandum spei veritates.
1705

Structura templi ab Ezechiele visi. 1709, in-4°.

HORST.

Médecin allemand, publia en 1595, à Leipzig, un
livre latin rempli d'absurdités, au sujet d'un enfant
qui était venu au monde le 22 décembre 1586 avec
une dent d'or. Le fait n'était pas révoqué en doute ;
Horst l'attribua à l'influence des astres ; il y ajouta
une série de prophéties dans laquelle, s'appuyant de
l'autorité de Daniel, il annonce que l'empereur des
Romains chassera les Turcs de l'Europe ; alors on
verra commencer le siècle d'or, et un empire qui
durera des milliers d'années.

RVING (Edward), né en Écosse en 1792, mort en 1834.

Ministre dissident, il fut accusé d'hérésie par ses collègues et destitué, mais il ne tarda pas à se trouver à la tête d'une congrégation nouvelle, et il prétendit que par suite de l'inspiration divine, il avait le don des langues inconnues. On s'occupa fort de lui pendant quelque temps, on l'oublia bien vite. Il était de bonne foi dans ses extravagances. Prédicateur éloquent et bizarre, il citait dans une même phrase Shakespeare et la Bible. Water Scott, qui dina avec lui, dit que sa figure ressemblait à celle que les anciens artistes italiens ont donnée au Sauveur ; les cheveux étaient arrangés artistement en vue de produire cet effet. Irving laissa des sermons et divers ouvrages où se montre le ton habituel de ses pensées : *Babylone et l'infidélité prédestinées au jugement de Dieu*. 1824, 2 vol. ; *les Derniers Jours*. 1838 et 1856 ; *Exposition du livre des Révolutions*. 1831, 4 vol., etc. Sa secte ne s'éteignit point avec lui ; en 1856, le projet de fonder des chapelles *irvingites* dans toutes les grandes villes de l'Angleterre fut mis en avant, et un *gentlman* souscrivit, dans ce but, la somme de 100,000 liv. st. C'est du moins ce que nous lisons dans le *Critical Dictionary of english Literature* d'Alibone (t. I, 934), lequel indique un grand nombre d'écrits relatifs à Irving.

OACHIM.

Abbé de Fiore (dans la Calabre); il se posa en prophète et répandit dans le public les révélations dont il se croyait favorisé; ses visions, même les plus étranges, étaient acceptées par les Italiens comme des inspirations divines. Il annonçait que l'ère chrétienne devait finir vers 1260; une ère nouvelle devait commencer sous les auspices d'un messie révélateur qui apporterait au monde un évangile nouveau. La cour de Rome s'inquiéta et lui imposa silence. Joachim a laissé quelques ouvrages imprimés: d'autres sont restés manuscrits; consulter un article de M. B. Hauréau, dans la *Nouvelle Biographie générale*, t. XXVI, 718.

JORRIS (DAVID), né à Bruges en 1501, mort à Bâle en 1556.

Après avoir mené une vie errante, il se fit remarquer parmi les anabaptistes, sans prendre part aux excès des sectaires qui, sous la conduite du célèbre Jean de Leyde, ensanglantèrent la ville de Munster. Retiré dans la Frise vers 1540, il écrivit le plus important de ses ouvrages, le *Livre merveilleux (Het Wonderboeck)* qui parut en 1542, sans nom de ville, ni d'imprimeur, mais l'autorité découvrit que cette publication, sortie des presses de Dirk van Borne, à Deventer, avait été l'objet des soins d'un bourgeois de cette ville, Juriaen Ketel, disciple et ami de Jorris. Ketel fut décapité en 1544, et l'imprimeur n'échappa à la mort que parce qu'il fut avancé pour son excuse qu'il n'avait rien compris au livre incriminé.

Le *Wonderboeck* est un tissu de visions, d'aberrations, de prophéties; l'auteur prétend écrire sous l'inspiration divine qui se manifeste successivement à son esprit; le tout est entremêlé de très vives attaques contre les rois et les magistrats qui doivent disparaître afin de faire place au royaume de Dieu, reposant sur le troupeau des vrais croyants, c'est-à-dire des baptistes, radicaux à outrance qui faisaient entrer dans la pratique la communauté des biens et la polygamie, et dont les doctrines devançaient, à certains égards, celles des nihilistes russes.

Jorris se proclamait le troisième messie, le troisième David, né de Dieu, non par la chair, mais par l'esprit.

Le *Livre merveilleux* était dans le principe divisé en deux parties; plus tard le prophète en ajouta deux autres.

Un périodique belge, la *Libre Recherche*, a consacré à Jorris (t. VII, 1857, p. 350-366), un article bienveillant signé S. Snellaert; cet ultra-radical avait annoncé en mourant qu'il ressusciterait dans trois jours, mais il ne tint pas sa promesse.

Journal des Initiés *aux lois de la vie et de l'ordre universel.*

Nous avons trouvé dans les papiers de Quérard, non loin des élucubrations de M. Madrolle, divers numéros de ce journal mensuel qui, né en 1856, vivait encore en 1862. Il s'occupait de franc-maçonnerie ; il prêchait l'épanouissement de la vie, la sanction indéniable de la morale par l'initiation, etc.

Journet (Jean).

Cris et soupirs. Cri suprême, cri d'indignation, cri de délivrance. Résurrection sociale; Félicité universelle, etc.

Tels sont les titres de quelques-uns des écrits (il serait superflu d'en donner la liste entière) de cet aliéné qui, né à Carcassonne en 1799 (mort en 1861) après avoir été carbonaro, après avoir en 1823 combattu avec les défenseurs de la Constitution espagnole, s'établit comme pharmacien à Limoux ; un volume des œuvres de Fournier lui tomba entre les mains, et lui fit perdre le peu de bon sens qui pouvait lui rester ; il se fit l'apôtre du phalanstère ; le 8 mars 1841, il distribuait des brochures dans la salle de l'Opéra. Arrêté, interrogé par deux docteurs en médecine, il est conduit dans un hospice d'aliénés ; après un traitement assez long, il recommença ses prédications. Renvoyons à un des nombreux ouvrages de M. Champfleury (Jules Fleury,

les *Excentriques*, 1856, pp. 72-101), pour des fragments de lettres adressées à George Sand, à Victor
Hugo, à Lamennais, à Lamartine. Partout éconduit,
il se mit à parcourir la province, marchant à pied,
le sac sur le dos. Il eut de vives querelles avec
M. Victor Considérant, le chef de l'école phalanstérienne, qui trouvait que le zèle apostolique du trop
ardent languedocien ne pouvait que nuire à la
cause. La révolution de 1848 survint; puis le premier empire, et Jean Journet qui vieillissait, qui se
fatiguait, disparut de la scène.

M. Ch. Mouselet lui a fait l'honneur de lui consacrer un chapitre dans ses *Statues et Statuettes
contemporaines*.

KHUNRATH (Henri), né à Leipzig, en
1560, mort en 1637.

Brucker, dans son *Hist. philos.* IV, 675,
Chaufepié, dans son *Dictionnaire*, ont parlé de ce
visionnaire qui s'éprit des rêveries de Corneille
Agrippa et de Paracelse. Il se livra avec ardeur à la
recherche de la pierre philosophale, il parcourut
l'Allemagne et la Suisse, séjourna assez longtemps
à Hambourg, fut reçu docteur en médecine, et se
plongea dans la philosophie; il écrivit un gros
volume, *Amphitheatrum Sapientiæ æternæ, solius
veræ, Christiano-Kabbalisticum, divino-magicum,
nec non physico-chymicum, tertrium catholicum.*

Pragæ, 1598 ; plusieurs fois réimprimé et traduit en allemand. Le livre est dédié : *Æterno, invisibili, soli sapienti, omnium optimo, infinito et omnipotenti Iehovah Elohim Zebaoth, deo deorum, enti entium, maximo...*

Khunrath publia également : *Urim et Thammim Christiano Cabbalistica ex Macrocosmo et S. Scriptura Biblica desunita.* Magdeburg, 1607, et divers ouvrages sur l'alchimie. Voir Adelung, V, 91-105.

KLEINOW (GEORGE).

Norwégien qui, vers le milieu du xviiie siècle, se posa comme prophète et inspiré ; il fut le chef des *Sionites* qui prétendaient représenter le règne du roi de Siou dont ils se disaient les enfants ; ils envoyaient des émissaires chargés d'établir le règne universel du Christ ; ils condamnaient le baptême des enfants et refusaient de se soumettre aux lois sur les mariages. Ils portaient de longues barbes et ils avaient au bras un bandeau blanc sur lequel était brodé en rouge le mot : *Sion.*

Le roi Christian IV leur donna, en 1744, le choix d'abandonner leurs pratiques (ce qu'ils firent pour la plupart) ou d'être exilés aux environs d'Altona ; quelques-uns s'y retirèrent et s'éteignirent dans l'obscurité.

KNUTZEN (MATTHIAS).

Né vers 1640, dans le Sleswig ; manifesta de

bonne heure du goût pour les opinions étranges ; après avoir étudié à Koenigsberg et avoir mené une vie errante et misérable, il s'établit à Iéna où il publia des écrits exposant une doctrine qui souleva la réprobation générale. Allant au delà de ce qu'avançaient les autres libres-penseurs, il soutint qu'il n'existait point de Dieu, que l'homme finissait tout entier à sa mort, qu'il n'existait ni récompenses ni peines futures ; il s'élevait contre les magistrats et les prêtres, comme gens fort inutiles, et il maintenait que le mariage ne diffère point de la fornication. Chacun ne doit reconnaître pour guide que son sens intime. Knutzen donnait à ses disciples le nom de *consciencieux*, et il prétendait en avoir un grand nombre ; les magistrats d'Iéna s'alarmèrent du péril que pouvaient créer les doctrines de ce socialiste extravagant, il fut mis en prison, et, depuis les renseignements sur son compte font défaut.

Adelung, tom. VI, p. 207-231, transcrit un long passage d'un écrit daté de Rome, rempli de citations bibliques et émaillé de mots grecs : il suffira d'en rapporter le début : « Amicus, Amicis, Amica. Demiratus hactenus sæpicule qui fieret quod Christiani, id est rotarum in modum nacti, secum discordent et nunquam non altercationis serram reciprocent...

Regardé comme athée, il fut combattu par divers écrivains, notamment par F. Greissung, dans ses *Exercitationes de atheismo*. 1677.

Il est question de Knutzen dans l'*Historia atheismi* de Thomasius, dans le *Syntagma Hist., eccles.* de Micraël, etc.

KOPKEN (BALTHAZAR).

Encore un de ces illuminés dont l'Allemagne a produit un grand nombre ; celui-ci a laissé entre autres ouvrages : *Sapientia Dei in mysterio crucis Christi abscondita.* Halle, 1700, 2 vol. in-12 (en allemand, ainsi que *le Chemin du Sabbat du repos.* Offenbach, 1702, et *l'Envoi théosophique d'un membre fidèle de l'Union en Dieu.* Béthulie, 1710, 5 vol. in-8°, ne formant pas moins de 2393 pages. Il est permis de croire qu'une aussi longue production n'a jamais eu beaucoup de lecteurs.

KRUDENER (JULIE DE WIETINGHOFF, baronne de)

né en 1764, morte en 1824.

Romancière distinguée, connue surtout comme mystique et par l'influence qu'elle exerça sur l'empereur Alexandre. Parmi ses écrits qui révèlent une imagination fort exaltée, nous citerons :

Indication de la vraie religion, ou Manière indubitable de parvenir à connaître facilement ce qui est vrai selon Dieu et de découvrir en conséquence si la croyance religieuse dans laquelle on a été élevé ou dans laquelle on est présentement est la meilleure de celles qui existent dans le monde. Paris, Gide, 1821, in-8°, XXIV-204 pages.

Consulter *Frau von Krudener geschildert von*
H. Meisel. Dresden, 1818, in-8°. *Mme la baronne
de Krudener*, par Mme L. Boieldieu d'Auvigny dans
le Dictionnaire des prophéties, par l'abbé Lecann,
t. I, 1195-1208 (1852, 2 vol. gr. in-8°) ; Sainte-
Beuve, *Portraits de femmes* et *Nouveaux portraits
littéraires*, et les ouvrages indiqués dans la *Nouvelle
Biograpie générale*, t. XXVIII, p. 239, ainsi que le
catalogue Ouvaroff, n°s 171-174.

KUESTER (HENRI-BERNARD), né en 1662 à Blu-
menberg, petite ville de la Westphalie.

On possède peu de renseignements sur la vie de
cet illuminé ; Ruthsel en a fait mention dans son
Histoire des savants vivant de nos jours (en allemand), t. VI, p. 478, et Adelung lui a consacré un
chapitre dans son *Histoire de la folie humaine*,
t. VII, p. 86-105 ; il était le frère aîné de Ludolphe
Kuester, érudit distingué et doué, de son côté, d'une
originalité assez prononcée.

Après avoir étudié le droit à Francfort sur l'Oder,
après avoir été à Berlin professeur des trois fils du
conseiller d'État von Schwerin, il se laissa entraîner à des idées d'un mysticisme exalté et se rendit
en Amérique afin de se joindre aux *dissenters* anglais, qui s'étaient établis dans la Pensylvanie
mais il ne tarda pas à se brouiller avec les quakers
parmi lesquels il s'efforca de soulever un schisme ;
il prit en 1700 le parti de retourner en Europe et il

s'établit à Amsterdam. Il fit la connaissance d'un autre illuminé, Oliger Pauli, dont nous parlerons plus loin, et il épousa ses rêveries au sujet du règne de mille ans et de l'interprétation de l'Apocalypse. Après avoir erré dans divers pays, il mourut à Hanovre, dans un âge remarquablement avancé, à 98 ans, après avoir annoncé qu'il ne mourrait jamais. Entre autres extravagances, il soutenait être un des anges mentionnés dans les visions du solitaire de Pathmos, et il consigna ses insanités dans divers ouvrages écrits en hollandais, en allemand et en latin. Il suffira de transcrire le titre de l'un de ces derniers : *Directorium et conspectus universalis ephemeridum Aschkenazœo-Elomitiorium, c. c., triomphantium, tandem agonum justitiœ exorientis atque reducis, videlicet de resurrectione imperii sternitatiuum.* Lemgow, 1702, in-4°.

KUHLMAN (QUIRINUS).

Prodromus quinquennii mitrabilis. Lugd. Batav. 1678, in-8°.

Kuhlman fut un des plus fameux visionnaires du XVIIᵉ siècle ; né à Breslau en 1651, une maladie, dont il fut attaqué à l'âge de dix-huit ans, lui troubla le cerveau ; un jour il s'imagina voir Satan escorté d'une multitude de démons subalternes ; une autre fois il se persuada que Dieu lui était apparu, et, dès ce moment, il ne cessa de voir auprès de lui, une auréole éclatante de lumière. Il a vécu dans divers pays, et, soupçonné d'être un peu escroc, il dut quitter la Hollande ; il se rendit à Constantinople, et, en 1678, il adressa de cette ville, au Sultan Mahomet IV, un écrit où il prophétisait la conversion des Turcs ; il visita successivement l'Angleterre, la France, la Suisse, enfin son humeur vagabonde le conduisit en Russie ; il voulut y fonder une secte nouvelle, celle des Jimélites, mais Pierre Ier n'aimait pas ces innovations ; il réfuta péremptoirement le malheureux visionnaire, en le faisant brûler vif à Moscou, le 3 octobre 1689.

Kuhlman a laissé plus de quarante écrits, parmi lesquels le *Nouvel inspiré Bœhme.* Leyde, 1674 ; tous sont devenus rares, mais ils ne sont point recherchés quoiqu'ils ne méritent nullement de l'être. Voir Adelung, t. V, et les ouvrages indiqués dans la *Nouvelle Biographie générale,* t. XXVIII, p. 262.

ABADIE (JEAN DE), né en 1610, mort à Altona en 1674.

On trouve sur ce visionnaire quelques détails intéressants dans l'*Histoire curieuse de la vie, de la conduite et des sentiments du prieur Jean de Labadie* (d'abord jésuite et ensuite chef de la secte des Labadistes). *La Haye, Th. Dauréant,* 1670, in-12.

Ce petit volume est signalé comme s'annexant à

la collection des Elzévirs ; toutefois, M. Pieters ne l'indique pas dans son catalogue raisonné des impressions de ces illustres typographes.

Avant de se faire protestant, croyance qu'il abandonna pour fonder ce qu'il appelait « la véritable église », Labadie avait pris le nom de Jean de Jésus-Christ, et annoncé la fin du monde pour l'an 1666.

Grégoire a parlé de Labadie (*Histoire des sectes religieuses*, II, 255).

D'après ce novateur, la Bible doit avoir, pour être comprise, l'inspiration intérieure ; la véritable Eglise ne connaît ni rang, ni subordination ; les biens doivent être communs ; dans l'état de contemplation, on ne doit pas s'inquiéter des mouvements du corps. La secte des *Labadistes*, assez nombreuse vers la fin du XVIIe siècle, aux environs de Clèves, finit par disparaître

Un volume en allemand (148 pages), parut en 1671, pour exposer la doctrine de Labadie et de ses sectateurs. Parmi les ouvrages de ce visionnaire, citons *Jésus révélé de nouveau ou d'une nouvelle manière. (Hambourg)*, 1673, in-8° ; livre fort bizarre ; tout en quatrains.

Voir : Niceron, *Mémoires,* t. XVIII, 386-418 et XX, 140-169, un article de Gouget dans le *Dictionnaire* de Moréri, édition de 1759, et les ouvrages cités dans la *Nouvelle Biographie générale,* t. XXVIII, 319.

Ajoutons que pendant quelque temps, on vit surgir des sectes étranges dans cette Hollande, habituellement calme et positive; les Borrélistes, sectateurs de Borrel, maintenant qu'il ne fallait lire que la Bible sans y ajouter aucune explication; les Verschoristes, les Hattémistes (ceux-ci regardaient tous les péchés comme imaginaires, le Christ nous ayant délivrés de cette illusion); les Adamites prétendaient revenir à l'état d'innocence d'Adam en se dépouillant de tout costume; il serait facile de citer d'autres exemples.

LABROUSSE (Mlle SUZANNE), née en 1749, morte en 1821.

Voir l'article qui lui est consacré dans l'*Annuaire nécrologique* de Mahul; consulter aussi Quérard : *France littéraire* et la *Nouvelle Biographie générale*, t. XXVIII; elle se montra favorable aux idées de la révolution, et elle tenta de se rendre à Rome dans le but de convertir le pape. Enfermée quelque temps au château Saint-Ange, elle revint à Paris et y vécut vingt ans fort oubliée; d'autres fous lui faisaient concurrence. Ses *Prophéties* annonçant la fin du monde pour 1899, ont été publiées à Paris en 1790; un autre recueil de ses ouvrages avait vu le jour à Bordeaux en 1797. Très jeune encore, elle tomba dans un mysticisme exalté, se crut appelée à prophétiser, prétendit avoir des communications directes avec la Divinité.

LALANNE, curé de Xivry le Français.

Le fait universel de la triplicité unitaire, ou Philosophie générale des vérités scientifiques. Bar-le-Duc, 1878, in-8°.

LAMBERT LA PLAIGNE (BERNARD), né en 1738, mort en 1813.

Il entra dans l'ordre des Dominicains, et adoptant avec passion le parti des Jansénistes, il se prononça chaleureusement en faveur des convulsionnaires et de l' « Œuvre des secours. » Parmi ses ouvrages on distingue :

Avertissement aux fidèles sur les signes qui annoncent que tout se prépare pour le retour d'Israel, 1793 ; *Exposition des prédictions et des promesses faites à l'Eglise pour les derniers temps de la gentilité,* 1806. Il n'a pas mieux réussi que bien d'autres dans ses explications des prophéties, et il incline vers les idées des millénaristes.

LANCRE (PIERRE DE).

Conseiller au parlement de Bordeaux ; nul plus que lui n'a poussé à une plus vive conviction la foi dans l'existence des sorciers ; nul ne s'est montré plus persuadé que les exterminer était le plus saint des devoirs. Chargé d'une mission dans le pays de Labourd, il déploya un zèle féroce et lassa les bour-

reaux. Plus de 500 malheureux furent mis à mort.
De Lancre consigna avec une orgueilleuse bonne
foi le récit de ses exploits dans deux volumes devenus rares :

*Tableau de l'inconstance des mauvais anges et
démons.* 1610, in-4°, XXVI et 595 pages, (avec une
gravure curieuse représentant les orgies du sabbat) ;
l'*Incrédulité et mescréance du sortilège pleinement
convaincue.* 1622, in-4°. Ce sont d'étranges monuments de l'aberration où peut tomber l'esprit humain.

Il fut récompensé de son zèle par une nomination
de conseiller d'état, et il mourut en 1630. Michelet,
Histoire de France, XI, 290 et suiv., parle des ter-
ribles rigueurs de ce parlementaire affolé ; il en a
reparlé dans la *Sorcière* (1862), p. 212-237.

LA PEYRERE (ISAAC DE).

*Præ adamitæ, sive exercitatio super versibus
12-14, capitis V, epistolæ D. Pauli ad Romanos
quibus inducantur primi homines ante Adamum
conditi.* 1655, pet. in-12.

Ce volume assez gros (321 pages), ne porte pas
le nom de l'auteur ; il donna lieu à de vives contro-
verses fort oubliées aujourd'hui ; il provoqua la publication de divers ouvrages ; le *Manuel du Libraire,*
t. III, p. 832, en signale quelques-uns.

A cette époque, il n'était nullement question
d'hommes anté-diluviens et de temps pré-histori-

ques ; c'est sur des textes de la Bible, fort torturés, que La Peyrere basait le bizarre système qui lui a donné une place dans la galerie des écrivains excentriques.

N'oublions pas un livre fort curieux publié en 1878 (Paris, Champion, in-16, 50 pages) par un infatigable chercheur de curiosités littéraires et historiques, M. Ph. Tumèzcy de Larroque, correspondant de l'Institut : *Quelques lettres inédites d'Isaac de la Peyrere à Bouilliaud* (tiré à 100 exempl.); une introduction très intéressante et des notes où se montre une érudition sûre et discrète, fournissant d'amples et nouveaux renseignements sur la vie agitée et sur les écrits de l'auteur des *Præ adamitæ*.

A propos de La Peyrere, signalons un livre étrange, un gros volume intitulé ; *Adam à son origine, roi et unique médiateur de tout l'univers planétaire* (question délicate touchant à la pluralité des mondes habités), par l'abbé J. Bourdon, ancien curé à Pardaillan (Lot-et-Garonne). *Bar-le-Duc, impr. Bertrand*, 1878, in-8°, 435 pages.

LASSAILLY (CHARLES), né vers 1812, mort en 1843.

Après être venu chercher fortune à Paris, après avoir écrit dans divers journaux, ce malheureux perdit la raison; il a laissé un roman dont le titre seul rappelle l'époque la plus ardente du roman-

tisme : *Les Roueries de Trialphe, notre contemporain, avant son suicide.* 1832, in-8°. Dépourvu de
tout mérite littéraire, cette espèce d'autobiographie
est, en raison de sa singularité, recherchée par les
bibliophiles.

Jules Janin, a parlé de Lassailly dans le *Journal des Débats*, juillet 1843 : « Dans les désor-
« dres de sa pensée, il lui échappait des naïvetés
« charmantes ; c'est lui qui m'écrivait : Vous avez
« parlé avec tant de tendresse de notre ami*** ; c'est
« une injustice, il n'est pas aussi fou que moi. » Voir
aussi Mouselet : *Statues et statuettes contemporaines.*

La *Nouvelle Biographie générale*, dans la notice
consacrée à Lassailly, dit qu'il a fourni quelques articles à la *Revue des Deux Mondes* ; il y a là sans doute
une erreur. L. était fort étranger aux travaux sérieux
qu'admet cette *Revue*, et la liste des collaborateurs,
publiée en 1875, ne le nomme point.

LA TOUR DE NOE (l'abbé de), l'auxiliaire des
Bleus.

La Fin du Monde en 1921. Toulouse, Doula-
doure, 1873, in-8°.

Nous avons sous les yeux une édition indiquée
comme la huitième, foncièrement remaniée (123
pages).

L'auteur se vante d'avoir, dès 1867, dans un livre
intitulé : *le Sacerdoce*, annoncé à l'avance la guerre

désastreuse de 1870, le retrait de nos troupes de Rome, la perte du pouvoir temporel du Pape. Il avait annoncé la mort de Pie IX avant 25 ans de règne, s'il ne définissait pas le dogme de l'Immaculée Conception, mais le dogme ayant été proclamé, la vie du pontife a été prolongée.

« Il y a des prophéties absolues, indépendantes « de toute condition, qui s'accomplissent toujours; « par exemple, le monde finira en 1921.

C'est la prophétie de Saint-Malachie sur les papes qui sert de base aux calculs de M. l'abbé La Tour de Noe. « Cette base s'impose comme une certitude naturelle. » On connaît le nombre de tous les papes futurs; il faut trouver la durée du règne de chacun d'eux; depuis Saint-Pierre jusqu'à la mort de Pie VIII, 1797 ans, 255 papes; 7 ans 17 jours, règne moyen de chacun. Le dernier pape prédit sera Pierre II; de Grégoire XVI jusqu'à lui il y aura treize papes.

L'abbé croit pouvoir annoncer la fin du monde pour le 13 juillet, 7 heures, 3 minutes du matin, mais c'est « réserves faites; ce qu'il y a de certain, « c'est qu'elle arrivera dans la première moitié du « siècle prochain; donc plusieurs d'entre nous la « verront. »

Quant à l'Antechrist, on en a déjà vu passer quelques-uns, mais secondaires (Néron. Julien l'apostat, Mahomet, Luther, Jansenius, Voltaire).

A quelle époque se montrera le grand, le véritable antechrist, l'incomparable scélérat?

« Le vénérable Holzhauer place sa naissance à
« l'année 1855 ; M Nicolas, au contraire, ne le
« fait naître qu'en 1859. » M. La Tour de Noe croit
que « ce grand monstre est né seulement en 1863, »
et il le prouve ; d'après Sœur Anne-Marie, l'antechrist doit faire parler de lui par ses victoires dès
l'âge de trente ans, en 1893 ; c'est aussi l'année où
les Juifs attendent le Messie ; 25 ans après 1868,
« ceci n'est pas un raisonnement, c'est un calcul. »
— Déjà depuis dix ans (l'abbé écrivait en 1873),
« le soleil d'Orient réchauffe de ses rayons ce ser-
« pent diabolique ; ce colossal chenapan naîtra à
« Babylone. Il sera fils d'un musulman et d'une
« juive ; il fixera probablement à Jérusalem le
« siége de son colossal empire. » M. l'abbé s'occupe ensuite de découvrir son nom caché dans le
nombre 666 indiqué dans l'Apocalypse ; il trouve
Arlov, Delov, Chixica, mais en recourant à la langue hébraïque, il n'en découvre pas moins de 19,
tous commençant par la lettre T : Tyrasow, Tur-
sov, Tursyv, etc.

L ASSUS (GABRIEL).

Eve et Marie, philosophie du christianisme dans
son rapport avec la femme. *Paris,* 1836, in-8°.

Livre destiné à développer une idée singulière,
déjà mise plusieurs fois en avant, notamment par
Postel et par les Saints-Simoniens. Pour l'auteur,
la Bible est un symbole continuel dans lequel il

retrouve surtout une pensée qui domine tout le reste; c'est que la femme est ici-bas l'instrument des volontés divines, c'est que « le problème le plus « mystérieux de l'intérêt le plus puissant, celui « que tous les hommes supérieurs doivent méditer, « c'est l'avenir des femmes. L'avenir du christia- « nisme y est tout entier. » — « Il a fallu que « Marie vint pour compléter le symbole dont Eve « n'offrait qu'une part. »

La *Revue critique des livres nouveaux*, (Genève, Cherbuliez, 5e année, 1837, p. 332), a rendu compte de cet ouvrage.

LAW (WILLIAM).

Illuminé anglais, vivant vers le milieu du dernier siècle; admirateur des idées de Boehme, il écrivit un grand nombre d'ouvrages parmi lesquels on remarque *The Grounds and reason of christian regeneration, or the New-Birth.* 1756; *The Spirit of prayer.* 1758; *The way te divine Knowledge,* 1752; ce dernier ouvrage a été traduit en français et précédé de « la Voix qui crie dans le désert, » par Lodoik (le comte L. de Divonne), Paris, an XIII, in-8°, XV, 76 et 282 pages

LEBAILLY, (M.), né à Exmer (Orne).

Ancien professeur et professeur fort distingué de l'université, auteur d'ouvrages de grammaire et de

rhétorique ; ayant jeté les yeux sur des hiéroglyphes
égyptiens, il imagina de les lire à la manière des
rébus français, et il y parvint ; il le crut du moins.
De là un système de traduction, qui n'a rien de
commun avec celui de Champollion. C'est de l'extravagance au plus haut chef. On ne s'arrête pas en
si beau chemin. On se pose et on résout des énigmes.
Le Sphynx égyptien signifie : *plus on lit, plus on
veut savoir*. Vous ne vous en doutiez pas. *Plus*
(pluche, manteaux) — *on* (ongle du lion) — *lit*
(*Lion*) — *plus* (pluche) — *on* (ongle) — *veut* (vol
de l'oiseau) — *sa* (je ne me rappelle plus ce qui
dans la figure exprime cette syllabe — *voir* (ver ;
Latimal courbé et sous pont). — Très sérieusement
expliqué dans une *Lettre à un Archéologue sur les
hiéroglyphes égyptiens*, in-8°. J'ai du même de
nombreux travaux inédits de même force et sur
les mêmes données. (L. de L. S.)

Ajoutons que parfois les hiéroglyphes ont mal
inspiré les écrivains qui ont cherché à les expliquer.
Un artiste bordelais, instruit, mais trop enclin à
des idées singulières, publia en 1821 un in-8° de VI
et 216 pp. avec 14 gravures : *Fragments, Essai sur
les hiéroglyphes égyptiens* ; l'épigraphe : *Sunt
hebraicis similia Ægyptorum œnigmata*, indique le
système de l'auteur, système qui n'obtint pas l'as-
sentiment des érudits. Voir un article d'Abel
Rémusat dans le *Journal des Savants*, avril 1821.

LEBARBIER (PIERRE-LUCIEN), mort en 1836.

Le *Manuel du bibliographe normand* de
M. E. Frère, fait mention de cet aliéné ; un de ses
écrits est intitulé :

Souscription et assurance de Rouen, départe-
ment de la Seine-Inférieure, ou Paris, la capitale,
le climat de la France, le paradis terrestre exerce
son influence sur tous les climats. Rouen, Marie,
1823, in-8°. M. Frère ajoute : « Ses œuvres ont fait
« gémir la presse, il se livrait publiquement à de
« réjouissants exercices pour régenter l'atmos-
« phère. Sa spécialité était le *Dominatmosphère*
« comme il s'exprimait lui-même ; il fallait le voir
« officieusement occupé avec l'énorme canne de fer
« blanc qu'il portait toujours avec lui, à diriger les
« vents et à conjurer, selon le besoin, la sécheresse
« ou la pluie. La foule respectait la folie d'un
« homme qui croyait se vouer au bien public. »

LEBOURELAIS (PAUL-JOSEPH).

Preuve de la puissance et de l'existence de Dieu.
Paris, 1831, in-12. *L'*auteur annonce se trouver
« maintenant à Remalard, département de l'Orne.»
M. de La Sicotière signale dans l'*Intermédiaire*
(t. I., p. 182), cet opuscule dont la fin n'est qu'un
entassement de notes incohérentes « qui dénotent
une complète aberration. »

Lebreton (François).

Avocat au Parlement de Paris, honnête homme dont le cerveau se troubla à l'aspect des malheurs qui, à l'époque du méprisable Henri III, désolèrent la France; il eut la fatale idée d'écrire, de faire imprimer un livre qu'il intitula : *Remonstrances aux trois Estats de la France et à tous les peuples chrestiens pour la délivrance du pauvre et des orphelins*; en tête il mit des versets tirés des psaumes « Levez-vous, monseigneur mon Dieu, ne « mettez en oubli les pauvres. » *L*'imprimeur jugea prudent de ne pas se nommer.

Lebreton, plein de la conviction qui anime tout aliéné, présenta naïvement son livre au roi; le livre fut jugé séditieux au premier chef, et le 22 novembre 1586, le malheureux avocat fut pendu dans la cour du Palais. L'arrêt qui le condamna est inséré (avec de longs extraits de la *Remonstrance*) dans la *Revue rétrospective* publiée par M. Taschereau (2ᵐᵉ série, t. II, 1835, p. 99-107.) M. Leber possédait un exemplaire de ce livre, (on en connaît à peine deux ou trois; il est porté à son catalogue, n° 4022); il en a parlé avec détail dans son curieux travail : *l'État de la presse depuis François Iᵉʳ* (1837, in-8°). Voir aussi Ch. Labitte: *De la démocratie chez les prédicateurs de la Ligue* (p 311).

LEE (NATHANIEL), mort à 34 ans, en 1693.

Auteur de diverses tragédies qui n'étaient pas sans mérite « Lorsqu'on dut l'enfermer, jeune encore, à Bedlam, il continua à écrire dans un style « des plus ampoulés, mais on rencontre souvent « dans ses productions des passages qui témoignent « d'une imagination puissante. » (Delepierre).

Il n'avait pas complètement perdu la raison. Un jour, un visiteur de l'hospice lui dit assez brutalement : « Il est facile d'écrire comme un insensé. — Non, repartit Lee, il n'est pas facile d'écrire comme un insensé, mais il est très facile de parler comme un imbécile. » — Il sortit de Bedlam à moitié guéri, se livra à l'intempérance et mourut des suites d'une chute. Ses *Dramatic Works* ont été recueillis en 1736, 3 vol. in-12. Voir la *Nouvelle Biographie générale*. t. XXX, col. 284.

LEGAY-ROUSSEL.

Ancien adjoint au maire de Bec-Hellouin (Eure), ancien instituteur, mort au Bec en 1832, à l'âge de 46 ans, nous est connu par l'*Intermédiaire* (t. I, p. 181), qui le signale comme ayant laissé en mourant un ouvrage intitulé : *Mémoires historiques d'un malheureux père perdu de toute éternité et perdu pour jamais, avec ses trois précieux enfants, écrits dans son lit, rapport aux tourments par lui-même, pouvant servir à l'histoire des secrets du Créateur ou des perdus de toute éternité.* VAROUX *sur la terre,* etc., 1829.

Legay était un véritable démonomane, il raconte tous les détails de la possession dont il se croit victime ; il joint à ses *Mémoires,* des complaintes qui offrent le plus triste témoignage d'une incurable aliénation. (L. D. L. S.)

LE LOYER (PIERRE).

Edom, ou les Colonies iduméennes. Paris, 1620, in-8°, 14 fʳˢ, p. 249, 141, 7 fʳˢ.

Les chercheurs d'étymologie ont parfois émis des idées fort bizarres, mais Le Loyer s'est montré en ce genre supérieur à tous ses rivaux ; les incroyables aberrations auxquelles il s'est livré afin d'établir que les descendants d'Ésaü sont venus peupler l'Europe et qu'ils ont donné leurs noms à une foule de localités, ont été signalées dans les *Mélanges extraits d'une petite bibliothèque* par Charles Nodier (1828, p. 323). Les villages de l'Anjou, patrie de l'auteur, lui offrent l'occasion des tours de force les plus étranges. Consulter d'ailleurs une notice de M. J.-M. Albert, insérée dans un journal (mort comme tant d'autres, après une courte existence) : le *Moniteur de la librairie,* n° du 10 janvier 1844.

Le Loyer, né en 1571, mort en 1634 à Angers où il était conseiller au présidial, a laissé un grand nombre d'ouvrages, entre autres : *Quatre livres des*

*spectres, ou apparitions et visions d'esprits, anges
et démons se monstrant sensibles aux hommes ;* ce
volume rempli d'absurdités eut le succès qui ne
pouvait lui manquer à cette époque; publié à Angers en 1586, il fut réimprimé à Paris en 1605 et
en 1608. Poète et auteur dramatique, il écrivit deux
comédies singulières, risquées selon l'usage du
théâtre d'alors, mais gaies et spirituelles : *le Muet*
et la *Néphelococugie.* Voir au sujet de ces pièces :
l'*Histoire du théâtre françois* par les frères Parfaict, t. III. p. 375; la *Bibliothèque du Théâtre
françois,* 1753, t. I, p. 209-213, le *Catalogue
Soleinne,* nº 793 et 794 Une notice de M. Paire sur
Le Loyer se trouve dans les *Annales de la Société
d'agriculture, sciences et arts d'Angers,* 1841.

LEMERCIER (Népomucène).

Personne ne songera à ranger au rang des fous
littéraires, l'auteur dramatique auquel on doit la
tragédie d'*Agamemnon* et la comédie de *Pinto,*
mais il est impossible de ne pas le placer parmi les
écrivains excentriques lorsqu'on a lu la *Comédie épique,* qu'il intitule *la Panhypocrisiade, ou le Spectacle
infernal du XVIᵉ siècle.* Il s'agit d'une représentation
donnée dans l'enfer devant un public de diables et de
diablesses dont les cheveux sont tressés de « jolis
petits serpents verts. » Entre autres dialogues dont
se compose cette comédie, il y en a entre Clément
Marot, une fourmi, une ombre, la Mort et le con-

nétable de Bourbon. Au chant XI du poème, conversation entre un phoque et la Méditerranée qui s'en-
tretient ensuite avec la Métempsycose. Puis arrivent
une nymphe chantée par Fracastor et dont le nom
grec lui-même ne se prononce pas en bonne compagnie, Soliman, Pythagore, Saint-Bernard, Tibère,
le muphti, et bien d'autres personnages étonnés
de se trouver ensemble ; les diables sifflent la pièce ;
parmi eux se trouvent de grands farfadets,

« Qui sont de queue à bec transformés en sifflets. »

Nodier, (*Mélanges de littérature et de critique*,
1820, t. I, p. 256-267) a consacré un article fort
piquant à cette étrange production où le ridicule se
mêle à l'inspiration du talent. « Tel hémistiche, tel
« vers, telle période ne serait pas dédaigné par les
« grands maîtres. C'est quelquefois Rabelais, Aris-
« tophane, Lucien, Milton, à travers le fatras indi-
« geste d'un parodiste de Chapelain. »

LE MOINE (EUGENE).

Auteur de pièces de théâtre sous le pseudonyme
de Moreau.

Une note manuscrite de Quérard l'indique comme
étant l'auteur d'un volume petit in-8° de 308 pages
(*Paris*, 1849). *La parole de Dieu ; Régénération de
l'humanité par la révélation de la réorganisation
sociale*.

L'auteur s'adresse d'abord « aux yeux qui vou-

dront voir, aux oreilles qui voudront entendre » ; il
annonce qu'il a trouvé cet écrit dans une maison-
nette où était mort un vieux prêtre, qui avait écrit :
« Mes supérieurs m'ont défendu de publier l'in-
« spiration que l'Eternel avait envoyée à mes
« prières. »

Il ajoute : « Me faire l'éditeur de ce livre dû à
« l'inspiration divine ; c'est me dire le premier
« apôtre de ses doctrines ; j'en accepte la noble et
« sainte mission.

   « Oui, nous sommes rénovateurs.

   « Et notre administration sociale,

   « Nous la fonderons avec vous et sans vous,

   « De votre gré ou malgré vous.

   « Car ce que nous voulons,

   « Dieu le veut. »

La *Parole de Dieu* se divise en trois parties sub-
divisées elles-mêmes en chapitres ; elle est écrite en
petits versets (dans le genre des *Paroles d'un
croyant)* ; elle renferme un plan complet d'organisation politique, économique, sociale destinée à faire
le bonheur des peuples qu'inspirera la parole
divine. Les intentions de l'auteur étaient bonnes,
mais les rêveries qu'enfantait son cerveau surexcité
n'offrent aucun sens pratique.

LEROUX (PIERRE), né en 1798, mort en 1857.

Ce visionnaire eut du moins le bon sens de se
lancer, au moment opportun, dans le parti révolu-

tionnaire et socialiste; il y gagna d'être nommé par
le peuple de Paris député à l'Assemblée constituante
où il obtint le succès peu enviable d'amuser un
instant ses collègues par l'excentricité de ses discours, qui devenaient bien vite un amas d'insanités
ennuyeuses. Il a écrit de gros et nombreux volumes
qui sont tombés dans le néant. Il suffit d'y jeter un
coup-d'œil pour constater un complet dérangement
d'esprit. Pierre Leroux amalgama pêle-mêle les
idées de Pythagore et de Boudha en les arrosant
de Saint Simonisme.

« Il croit à la métempsycose, à la cabale, à la
« puisssance des nombres; il croit au cône, au
« cylindre, à la sphère. Il veut couvrir la France
« de peupliers, symbole d'un gouvernement sans
« défauts; c'est surtout au nombre trois (triade)
« qu'il attache les plus mystérieuses propriétés.
« Suivant lui, l'homme a déjà vécu et vivra encore
« sur la terre; il y recommencera dix, vingt, trente
« existences, sous des noms et dans des pays divers,
« tantôt insecte, comme la chrysalide, tantôt bril-
« lant comme le papillon. » (*L.* Reybaud).

Les nébuleuses idées de Pierre Leroux sont exprimées dans un style tourmenté et incompréhensible;
la définition qu'il donne de l'amour est un modèle
du genre : « *L'*amour est l'idéalité de la réalité d'une
« partie de la totalité de l'Etre infini, réuni à l'ob-
« jectivité du *moi* et du *non moi*, car le moi et le
« non moi, c'est *lui*. »

Un des vifs chagrins de Pierre Leroux fut le

refus que fit l'Assemblée constituante d'inscrire le principe de le *triade* dans le préambule d'une de ces constitutions éphémères dont on se plait à gratifier la France. Sa théorie du *circulus* qu'il exposait très sérieusement était une absurdité du plus mauvais goût. — Consulter entre autres écrits sur ce personnage : sa *Biographie* par Eug. de Mirecourt; Reybaud, *Etudes sur les Réformateurs et Socialistes; la Nouvelle Biographie générale,* t. XXX, 881.

Sainte-Beuve s'exprime ainsi au sujet de ce monomane dans ses *Chroniques parisiennes*.

« Je l'ai connu, mais ensuite je l'ai perdu de vue.
« Il est devenu dieu et je suis devenu bibliothécaire,
« nous avons pris des carrières différentes. En 1830,
« nous fîmes *Le Globe* ensemble; je lui servais de
« plume, car alors la sienne n'était guère plus
« taillée qu'un sabot. Quand il se fit saint-simonien,
« c'est moi qui lui rédigeais sa profession de foi; il
« ne fit qu'y mettre un ou deux pâtés en y touchant.
« Il m'a fait comprendre qu'il y a chez les systéma-
« tiques convaincus une heure mauvaise où le char-
« latanisme se glisse aisément et où l'indifférence
« sur le choix des moyens commence. »

Lettre mystique, responce, replique. Mars joue son rolle en la première, en la seconde la Bande et le chœur de l'État; la 2ᵈᵉ figure l'amour de Polyphème, cabale mystérieuse, révelée par songe, envoyée à Jean Boucher. Leyden, 1602, pet. c., 3 fts.

49 et 164 p. Une autre édition, 1603, 8 fts et 165 p., d'une toute autre impression ; la seule différence du texte, c'est que l'avis au lecteur n'est pas dans la première édition.

C'est un tissu d'excentricités qui n'émanent pas d'une tête bien saine et qu'on peut mettre à côté des écrits de ce Démons dont nous avons déjà parlé. Le fond du livre, c'est une vive attaque contre les jésuites, le duc de Savoie, le roi d'Espagne, accusés de conspirer contre Henri IV. Consulter : un article de M. P. de Malden dans le *Bulletin du Bibliophile*, 1849, p. 187. C'est par ironie qu'un envoi est fait à Jean Boucher, curé de Saint-Benoit, l'un des plus exaltés des *Ligueurs*. L'avis au lecteur nous apprend que « la lettre mystique », est la figure de « la chute d'un conspirateur, » (c'est-à-dire du maréchal de Biron'.

L LOYD (Thomas.

Cet aliéné est signalé par M. Delepierre, comme « le mélange le plus hétérogène de malice, d'orgueil, « de talents, de mensonge, de vils défauts et de « grandes qualités ». Il se regardait comme le poète le plus sublime qui ait jamais existé. Il écrivit beaucoup de vers, mais il est douteux qu'ils aient été conservés, à l'exception d'un fragment composé vers 1817, que transcrit M. Delepierre : « When angry noise, disgust, and uproar recede...» et dans lequel on rencontre un véritable sentiment de mélancolie...

LUTTERBACH.

Auteur de deux ou trois ouvrages sur la beauté humaine et l'hygiène, mort il y a une douzaine d'années. (*Intermédiaire*. 1864, t. I, 56). De son vrai nom il s'appelait *Fourage*, et il exerçait la profession de tailleur. « Ce n'était d'ailleurs qu'un mania- « que, et il ne déraisonnait guère que lorsqu'il par- « lait de ses *études*, mais, dans ce cas il devenait « magnifique à étudier lui-même. » Ses élucubrations ont été éditées par le libraire Lacroix, vers 1850. Nous citerons de lui, d'après l'*Intermédiaire* : *Révolution dans la marche, ou cinq cents moyens naturels et infaillibles pour trouver le confortable dans les différentes manières de marcher* : A Paris, chez l'auteur, rue des Vieux-Augustins, 1851, in-8°. Le titre est d'ailleurs beaucoup plus étendu, mais il ne mérite peut-être pas d'être transcrit en entier.

LOGOTHETUS (ISIDORUS-CHARISIUS), phylisopolitanus.

Pseudonyme adopté par un illuminé dont nous ignorons le véritable nom ; nous savons qu'il était français ; on a de lui un ouvrage en 2 vol. in-8°, imprimé à Berlebourg en 1738 : *Nouveaux discours spirituels sur diverses matières de la vie intérieure, ou Témoignage d'un enfant de la vérité et droiture des voies de l'esprit pour l'encouragement et l'avertissement des autres enfants ses compagnons ;* le catalogue Ouvaroff, n° 102 et suiv. indique quatre ouvrages en allemand, publiés de 1734 à 1741; il y est question de l'Apocalypse, de l'Antechrist; l'un d'eux avec un titre latin : *Theologia christiana in numeris*, renferme un grand nombre de planches mystico-mathématiques.

LEPOUKINE (JEAN).

Illuminé russe qui fit imprimer en Russie (sans nom de ville) 1790, un volume in-12 de 120 pages auquel il ne mit pas son nom : *Les fruits de la grâce, ou les opuscules spirituels des deux F. M. du vrai système dont le but est le même que celui des vrais chrétiens*; on trouve p 67-90 : Révélations faites au Fr. C...

L'auteur était sénateur, et le prince Nicolas Repnine prit part à cet écrit.

Malgré son titre, l'ouvrage ne concerne pas la franc-maçonnerie ; les idées Saint-Martinistes y dominent. (Cat. Ouvaroff, 155).

Ce catalogue indique aussi du même auteur : *Quelques traits de l'église intérieure et de l'unique chemin qui mène à la vérité, traduit du russe* (par l'auteur lui-même) *Saint-Pétersbourg*, 1799, in-12, l'ouvrage russe 1798, réimpr. en 1801) reparut à Moscou, 1810, in-8°, 151 pages. Lopoukine fit imprimer à Paris vers 1800, un petit volume : *La présence de Dieu* (sans lieu ni date), in-24, 144 p.; autre édition, *Moscou*, 1799, in-18, 166 pages. Il était un des chefs de l'école martiniste en Russie.

L IÉNARD (J.-P.), « pratiquant l'art de guérir » à Gonesse.

M. Chéreau (*Parnasse médical français*, p. 338), nous fournit quelques détails sur un volume « étonnant » intitulé l'*Original enfant de Gonesse*, 1841, in-8°, 127 pages, « œuvre d'un malheureux « vieillard troublé dans ses facultés intellectuelles « et sensitives. Qu'on en juge par ces quelques vers « empruntés à la préface : »

> Le ciel qui me fit naître auprès de l'indigence
> M'accorde pour rimer un peu d'intelligence.
> Ce modeste présent excite le courroux
> De quantité de sots de mon savoir jaloux ;
> Malgré leurs vains efforts et leur secrète envie
> Dans la paix avec moi je sais passer la vie ;
> Toujours dans mon pays je suis persécuté.
> Le mal que l'on me fait, je ne l'ai mérité.

M ADROLLE (Antoine).

Né en 1792 ; se livra d'abord à l'étude de la jurisprudence, se jeta dans le journalisme, écrivit de nombreux volumes parfaitement oubliés et professa les opinions du royalisme le plus exalté. Il se livra ensuite à des idées mystiques qui, s'exaltant de plus en plus, aboutirent à une démence complète. Il se fit le champion de Pierre-Michel Vintras, chef de l'œuvre de la Miséricorde, se qualifiant lui-même de « prophète eucharistique, sacré directement par Jésus-Christ. »

Après avoir écrit dans le *Conservateur* et dans la *Gazette de France*, après avoir publié les *Crimes des faux catholiques*. 1832, la *Dégénérescence de la France*. 1839, il enfanta une multitude de livres et de brochures inspirés par une insanité complète.

La liste de ces productions serait très longue et peu intéressante; le néant a fait sa proie de la *Constitution divine* 1851; du *voile levé*, etc.

Disons deux mots de l'Évangile.

L'Évangile du règne futur (*une feuille de l'Esprit-Saint*). *Solution du monde. Édition revue sur celle adressée à l'Empereur*, Paris, 1853, in-8°, 36 pages.

Amas d'extravagances. Il suffira d'en transcrire la fin.

« Dieu veut et il fait comme un ciel sur la Terre dont la Grande Apostasie a fait comme un Enfer, il fait un Éden universel là où il n'y en eut originairement qu'un limité; il fait aux Enfants d'Israël dont les Chrétiens sont les Benjamins, la Terre qui fut promise aux Pères d'Israël.

M. Erdan n'a pas oublié Madrolle dans sa *France mystique* (t. I, p. 260-287), il signale le style de cet écrivain « comme consistant essentiellement, 1° dans « la pratique exorbitante de l'alinéa; 2" dans l'abus « inimaginable des notes au bas des pages; 3° dans « l'emploi fabuleux des parenthèses. A chaque page « on trouve trois ou quatre constructions du genre « de celle-ci : « Le nouvel Evangile (il nous faut du « nouveau et de plus en plus, surtout en Évangile),

« encore mieux que le vieux.... » Il intercale des
« parenthèses dans des parenthèses. »

Laissons de côté les injures que Madrolle prodi-
gue à Chateaubriand et à d'autres personnages célèbres ; il qualifie le choléra de divin ; il veut absolu-
ment que nous soyons dans le dernier siècle de la
période de 6,000 ans fixée pour la durée de notre
planète. Il a surtout la manie de se croire prophète ;
voici quelques-uns des titres qu'il donne à ses rêveries :

L'*Almanach de Dieu*, seul prophétique et *perpétuel*. (Cet almanach vécut cinq ans).

La *Feuille prophétique, divine réclame pour un
fidèle dans une suite sans exemple d'incroyables
prophéties réalisées.*

La *Législation générale de la Providence, ou
Dieu devant le siècle ;* là tout est prédit *à priori* et
particulièrement tous les grands événements posté-
rieurs à la prédication.

Empruntons encore quelques lignes à M. Erdan :

« Madrolle est une *olla potrida* intellectuelle,
« composée des éléments les plus divers ; il marie
« ensemble les idées les plus disparates ; il fait une
« alliance monstrueuse de la foi la plus exaltée et
« du rationalisme. C'est de l'illogisme dans des pro-
« portions tout à fait inaccoutumées. Au milieu d'une
« exentricité qui dépasse les bornes, la moindre de
« ses brochures contient la preuve d'une lecture
« fabuleuse, des témoignages d'une érudition vrai-
« ment extraordinaire. Il a particulièrement l'éru-

« dition anecdotique, celle qui consiste dans le sou-
« venir des détails personnels et des faits intimes,
« des mots célèbres, des textes et des citations.
« Ennemi déclaré du clergé, de l'Église, surtout des
« Jésuites, il réclame l'abolition de la peine de
« mort, l'abolition des dots (« source visible des
« mauvais ménages ») ; il rédige une constitution
« qu'il appelle modestement « la plus parfaite de la
« plus sociale des républiques. »

Madrolle s'était déclaré l'un des partisans du soi-
disant prophète Vintras (voir ce nom), en faveur duquel il a publié entre autres écrits : le *Mandement
du ciel en présence des mandements de la terre* et
les *Merveilles de l'œuvre de la Miséricorde* (anonyme), s. d. (1851). Voir Quérard, *Supercheries
littéraires*, t. III, 166.

Magia divina (en allemand), *ou Instruction salutaire extraite de l'étude cabalistique des mystères
des anciens Israëlites*, par L. v. H., ami de la
secrète sagesse divine. Francfort, 1745, in-8°.

Œuvre d'un illuminé, adepte de J. Boehme.

MAGNON de Tournay ; écrivain dont la tête
n'était pas bien saine. Voir dans le *Bulletin du Bibliophile*, 1872, une notice de M. Joseph Boulmier,
intitulée : « Un excentrique du XVIIᵉ siècle. »

Magnétophile (le).
Journal un peu excentrique qui paraissait à inter-

valles indéterminés en 1839-1840 et qui, nous le croyons, a depuis longtemps interrompu sa publication. Dans un numéro que nous avons sous les yeux, nous lisons que le Pape encourage le magnétisme, lequel « sous l'égide des Prêtres et des Rois, « fait le tour du monde sur le char du Progrès et « les ailes de la Vérité. » Nous trouvons aussi cette fière déclaration de l'un des rédacteurs : « Voici « venir les jugements de l'avenir. Nous aurons « l'honneur d'avoir le premier placé notre tête, au « pilori social, sur le billot de la vérité ; que chacun « nous imite et s'exécute, car la science est impar-« tiale et infaillible. »

Maranzak.

Ce personnage n'a pas écrit, mais il a donné lieu à un *Maranzakiniana*, livret publié en 1732, à fort petit nombre et dans lequel on a recueilli les balourdises, les coqs-à-l'âne que débitait ce valet d'écurie au service du duc de Bourbon et qui jouait un rôle analogue à celui des anciens fous de cour. Il y a fort peu d'esprit, mais cet *ana*, singularité biblio-

(1) Disons en passant un mot d'un autre *ana* du même genre : la *Goualana*, Cena (Caen, vers 1812), réimpr. à Valenciennes en 1826 à 26 exempl. seulement. Il s'agit, d'après M. Epiphane Sidredoux (lisez Prosper Blanchemain), d'un aubergiste à Caen « qui avait la manie « d'émailler ses phrases de mots pédantesques qu'il défigurait comme à « plaisir. Ainsi il se promenait *part à part* devant la *préface* de sa « maison, ou il avait fait placer deux *estatues en peronelle* (*parallele*).» Voir le *Dictionnaire des Anonymes* de Barbier, 3ᵉ édit., t. II, p. 548; le *Manuel du bibliographe normand*, par Ed. Frère, t. II, p. 36; l'*Intermédiaire*, 25 mai 1879, t. XII, p. 296.

graphique, a eu l'avantage d'être l'objet d'une notice piquante de Ch. Nodier (*Mélanges extraits d'une petite bibliothèque*, p. 40). Une réimpression de ce livret a vu le jour à Paris en 1875 (librairie des Bibliophiles. 150 exemplaires dont 50 sur papier Whatman, 89 pages) ; elle est accompagnée d'une notice signée Philomneste junior. (G. Brunet).

Donnons quelques échantillons, fort courts, des mots de Maranzak :

« On lui fait compliment sur un bel habit qu'il a :
« Assez, dit-il, je suis beau comme le poisson dans
« l'eau.

« Il boit des huitres à la santé de la compagnie. »

« J'ai passé mon temps à jouer aux échaudés (aux échecs).

« J'ai les bras au bout des doigts. »

MARION (ÉLIE).

Un des prophètes des Cévennes, connu sous le nom de Jean-Albert, dit *l'Éclaireur ;* il annonçait qu'il avait plu à Dieu de lui délier la langue et de lui mettre la parole dans la bouche, ce qui signifie qu'il se mit à prophétiser. Après la pacification survenue en 1708, il passa en Angleterre avec deux de ses compagnons, Cavalier et Durand Fage ; ils y réunirent un grand nombre de partisans qu'ils partagèrent en douze tribus, à l'instar du peuple d'Israël. Ayant eu l'imprudence de déclamer contre le gouvernement et l'épiscopat, ils furent invités à quitter le pays; ils passèrent en Allemagne et finirent par tomber dans l'oubli le plus complet. Ses divers ouvrages publiés sous le nom de J. Alliut, de 1707 à 1714 (*Éclair de lumière, Cri d'alarme, Plan de la justice de Dieu, Avertissements prophétiques,* etc.), sont devenus fort rares ; on distingue, parmi ces rêveries, un volume intitulé : *la Clef des prophéties de M. Marion et des autres camisards;* il vit le jour à Londres en 1707 ; consulter *le Théâtre sacré des Cévennes.* Londres, 1707, réimp. à Paris en 1847 sous ce titre : *les Prophètes protestants; l'Histoire des Camisards* par Court; *l'Histoire de la folie humaine,* par Adelung, t. III, p. 55-91: *l'Histoire du merveilleux,* par M. Figuier, etc. Un autre camisard, Durand Fage, à l'égard duquel on peut consulter Adelung (p. 93-110), est l'objet de quelques détails dans *le Théâtre sacré,* p. 107 et suiv. Voir H. Blanc, *De l'inspiration chez les Camisards,* Paris, 1858, in-12.

MASON (John).

Visionnaire, mort en 1695. M. Delepierre le signale comme un des exemples les plus frappants de la folie religieuse; il était persuadé et il avait persuadé à de nombreux adeptes qu'il avait mission de proclamer le règne visible du Christ; il parlait raisonnablement sur tout, excepté sur ce qui avait rapport à ses idées religieuses, aux visites qu'il recevait du Sauveur.

MEAD.

The Vision of the wheels seen by the prophet Eze-chiel opened and applied. London, 1689, in-4°.

Cet illuminé laissant de côté l'Apocalypse, s'attaqua à une très obscure prophétie d'Ezéchiel ; nous craignons qu'il n'ait pas réussi à en donner une explication satisfaisante.

MELISCH (ÉTIENNE) DE PRAGUE.(*Pragensis*).

Illuminé qui, en 1654, fit imprimer en Hollande un recueil des *Visiones nocturnœ* qu'il avait eues de 1655 à 1658. C'est un recueil de prophéties s'appliquant aux destinées de la Pologne, de la Suède, de la France et d'autres Etats de l'Europe.

Memoirs of mad poets, mad philosophers, mad merchants, mad clergymen, by the members of the Crichton Institution.

Cette institution est un hospice d'aliénés ; M. Delepierre signale quatre notices faisant partie de ces *Memoirs* sur des fous, et il indique aussi un petit journal mensuel : *The new Moon* « où sont rassem-« blées les compositions en vers et en prose des « habitants de l'*Institution* qui, dans leurs inter-« valles lucides, se sentent enclins à ce genre de « distraction ; la partie matérielle de l'impression, « le tirage, la correction des épreuves, tout s'exé-« cute par les patients. »

MICALOZ.

Fils d'un charpentier de Lyon. Il a composé un ouvrage sur l'attaque et la défense des places fortes, publié par l'éditeur Corréard, mais resté inachevé. Ce malheureux, doué d'une énergie de volonté surhumaine, faisait des tours de force en économie, car ses ressources étaient des plus minimes, et il ne travaillait uniquement qu'à son ouvrage sur les fortifications. Il est mort complètement fou, vers 1845 (*Intermédiaire*, t. I, p. 138.)

MICHELET.

Quérard n'hésitait pas à ranger parmi les écrivains dont les facultés intellectuelles étaient dérangées, cet auteur auquel l'esprit de parti a procuré une célébrité qui menace de n'être pas durable.

Il était atteint d'érotomanie, et, comme d'habitude, la vieillesse ne faisait qu'aggraver le mal. Son livre *De l'Amour*, dont on s'est si justement moqué et qui réclame l'indispensable accompagnement de planches coloriées ; ses derniers ouvrages prétendus historiques, où il n'aperçoit dans les annales des diverses nations que libertinage à toute outrance, incestes, débauches qui révoltent la nature ; ses dithyrambes, véritables amphigouris apocalyptiques en l'honneur des idées révolutionnaires, tout cela ne laisse pas, aux yeux du plus novice des aliénistes, l'ombre d'un doute sur l'état du cerveau malade, d'où sortirent ces inanités. Il est d'ailleurs tout simple qu'elles se soient trouvées du goût d'un public nombreux.

Proudhon l'a caractérisé en quelques traits vigoureux : « Petit vieillard sautillant, vaniteux et lubrique, composé d'un hanneton, d'un paon et d'un bouc. » Impossible de tracer d'une manière plus nette un portrait plus fidèle.

Sainte-Beuve, de son côté, n'a pas manqué de se moquer de ce qu'il appelait des folies.

Observons d'ailleurs que les derniers ouvrages imprimés de Michelet sont loin de donner une idée exacte de la surexcitation de son cerveau. Des volumes publiés à Bruxelles renferment des passages qu'il a été jugé à propos de ne pas reproduire en France, et l'on assure qu'il a fallu faire de fortes suppressions et modifications dans les manuscrits.

Il existe d'assez nombreux exemples d'aliénés ayant, dans leurs accès de folie, écrit des livres érotiques, mais, à très peu d'exceptions, ces productions délirantes n'ont pas été livrées à l'impression ; une destruction salutaire en a fait justice.

M. Poulet-Malassis, dans la préface d'une réimpression (1862, d'un livre attribué au marquis d'Argens, s'exprime ainsi :

« Les lecteurs trouveront profit à rapprocher le « roman érotico-philosophique du xviiie siècle du « récit historique de Michelet dans la *Sorcière*, « édition de Bruxelles s'il est possible ; elle est plus « complète que celle de Paris, quoique elle-même

« expurgée notamment d'un passage important que
« nous pouvons restituer en faveur des curieux. »

De la page 322 à 324, le passage relatif au
père Girard et à la Cadière a été fort atténué et
pour cause. M. P. M. rétablit la rédaction primitive où Michelet donnait carrière à son imagination
en délire. Voir aussi l'*Intermédiaire*, XI, 276.

MICKIEWICZ (ADAM).

Nous aurons peu de chose à dire à l'égard de ce
célèbre polonais, qui vécut longtemps en France et
qui, né en 1798, est mort à Constantinople en 1855.
Les *Pèlerins polonais*, les *Dziadi* ne sont pas de
notre domaine. Livré à une exaltation toujours
croissante, ajoutant une foi aveugle aux insanités
de quelques illuminés, il adopta les doctrines du
Messianisme, c'est-à-dire de la domination universelle des races Slaves, conduites par un nouvel
envoyé de Dieu. Il est triste de voir dans quelles
extravagances tombe un homme de talent dont la
raison s'éteint. Consulter entre autres écrits : la
Galerie des Contemporains illustres, (par M. de
Loménie, tom. III) ; la *Nouvelle Biographie générale*
(Didot) tom. XXV, 437-442.

MILMAN.

Avocat américain à l'égard duquel M. Delepierre
donne d'intéressants détails ; il perdit la raison à la

suite d'une catastrophe effroyable ; le jour fixé pour son mariage, sa fiancée fut frappée de la foudre au moment où elle se parait pour se rendre à l'autel. Il resta aliéné jusqu'à sa mort. Dans des moments lucides, il écrivait des morceaux remarquables ; M. D. en cite de longs passages.

Miroir de la vérité, ou signalement de l'Antechrist Béhemoth et Léviathan, Société du dragon avec le lion de Saint-Marc. Au Puy, s. d., in-4°.

Ouvrage porté sur un catalogue du libraire P. Jannet, en 1851 ; nous l'avons inutilement cherché ; le titre suffit pour donner une idée de ce qu'il expose.

MOLLARD.

Perruquier à Courbevoie, près Paris. Il s'asphyxia en août 1834, désespéré de ce que l'Académie n'introduisait pas dans la langue française certaines améliorations qu'il lui avait soumises et qu'il jugeait importantes et aussi de ce qu'elle comptait parmi ses membres Casimir Delavigne qui, selon lui, ne savait pas le français. Trois pièces de vers trouvées sur sa table, sont insérées dans l'*Intermédiaire*, t. I, p. 116.

MONTFRABEUF (Louis de), né en 1724.

Après dix-huit ans de services militaires, il se

retira à la campagne, où possédé du désir de
devenir célèbre, il se mit à écrire sur toutes sortes
de sujets sans avoir fait aucune étude, et il débita
les extravagances les plus complètes; il se donnait le
titre de « Représentant du roi des Juifs en tant
qu'homme, » et il ajoutait que Dieu parlait par sa
bouche. De 1783 à 1789, il fit imprimer à Bouillon,
dix ou onze ouvrages auxquels personne ne fit
attention. *Les lois du sage par celui qui n'adore
que lui; l'Homme réintégré dans le bon esprit*, etc.
Voir la *Biographie ardennaise*, par l'abbé Bouilliot,
t. II, p. 223-226.

MONFRAY.

Ce pauvre aliéné publia avec sa signature, à Lyon,
en avril 1833, un opuscule intitulé : *Prophéties,
ordonnances, proclamations et discours du roi de
l'intelligence humaine*. Il suivait de son mieux
l'exemple des disciples de Saint-Simon et de Fourier
qui proclamaient alors leurs aspirations insensées ;
il mit encore au jour :

« Monfray à ceux qui veulent l'entendre, ou
« Mémoires d'un ex-prisonnier d'un hospice d'aliénés
« où il a été détenu deux mois sous la prévention
« d'outrages à la raison publique. » Lyon, 1844,
in-8°.

Cet opuscule fut suivi d'un autre auquel Monfray
ne mit pas son nom : « Une réhabilitation, ou justi-
« fication d'un prisonnier libéré de l'hospice de

« l'Antiquaille, faussement accusé d'outrage à la
« raison publique. » Lyon, 1844, in-8°.

Morin (François).

Capucin qui publia à Paris en 1679, un recueil
in-4° de 24 tableaux oblongs intitulé : *Idealis umbra*
sapientiæ generalis ; on peut affirmer qu'il y avait
quelque dérangement dans le cerveau de cette œuvre
catholico-christiana et *christiano Kabbalastica.*

Morin (Simon),

visionnaire et révélateur qui,
moins heureux que ceux du XIXe siècle, paya d'un
cruel supplice l'audace de ses insanités.

C'était un pauvre diable qui avait commencé par
être écrivain public et qui avait fini par l'état de ta-
vernier, avant de s'aviser qu'il pouvait bien être
Dieu le fils. Une fois qu'il eut acquis cette conviction, il chercha naïvement à la communiquer aux
autres, mais la cour et le clergé refusèrent de le
prendre au mot, et le Châtelet, qui n'entendait pas
raillerie sur ces matières, l'envoya brûler en Grève
avec son livre pendant qu'on fouettait autour du
bûcher quelques-unes des femmes libres du temps.
Cette malheureuse victime de l'intolérance religieuse, une des dernières qu'elle ait immolées, était
née dans un mauvais siècle. Aujourd'hui, Simon
Morin, plus modéré dans ses prétentions, se serait
contenté du pontificat suprême. Il aurait fondé une

nouvelle église catholique en face de l'ancienne, et
on n'en parlerait plus. (Nodier).

Morin fit imprimer à Paris en 1647, ses *Pensées*
accompagnées de cantiques et de quatrains; in-8°,
175 pages; on y a joint quelques documents relatifs
à son procès; M. Du Roure a consacré à ce volume
une notice dans l'*Analecta Biblion*, t. II, p. 233.

Le bûcher sur lequel périt Morin est le dernier
qui ait été allumé en France pour opinions religieuses. Le roi enleva au Parlement la connaissance
des affaires de ce genre ; il la donna à des commis-
sions qui n'infligèrent jamais la peine de mort en
pareil cas.

Loret, dans sa *Muze historique* (1), ne pouvait
manquer de parler de Morin.

> « Un imposteur, un témeraire
> « Un malheureux visionnaire...
> « Mercredi, fut brûlé tout vif
> « En la Grève, place publique,...
> ‹ Abjura son apostasie
> ‹ Et souffrit au dernier moment
> « Son supplice assez coustamment.

Morin avait fait imprimer divers écrits entre

---

(1) Paris, 1655-1665, 3 tom. in-fol. Cette gazette rimée qui contient des
renseignements curieux, est fort recherchee depuis que l'attention
publique s'est portée sur la première moitié du règne de Louis XIV.
Le *Manuel du Libraire* la décrit, et en signale une adjudication à
1055 fr.; en 1870, à la vente de M. le baron J. P***, un exemplaire a été
porté jusqu'à 4100 fr., c'était, il est vrai, celui de Mme de Pompadour.
     M. V. Luzarche a décrit, dans le *Bulletin du Bibliophile*, 1869, p.309,
un manuscrit des *Lettres* en vers de Loret.
     Une nouvelle édition, devant former trois volumes, gr. in-8°, a été
entreprise par le libraire Daffis, en 1871.

autres le *Témoignage du second avénement du fils de l'homme* ; et il eut la hardiesse de la présenter au roi qui traversait en carrosse une des rues de Paris.

Michelet a dit de Morin : « C'était un homme du « moyen-âge égaré dans le 17ᵉ siècle ; ses *Pensées* « contiennent beaucoup de choses originales et élo- « quentes ; on y trouve entr'autres ce beau vers :

« Tu sais que l'amour change en lui ce qu'il tout aime. »

(Voir l'article que lui a consacré Bayle, la *Bio- graphie Universelle*, tom. XXX et la *Nouvelle Bio- graphie générale*, t. XXXVI, 594 ; l'*Essai* de M. Delepierre, p. 37, le *Manuel du Libraire,* 5ᵉ édit., t. IV, 1905, et surtout une importante publication, les *Archives de la Bastille*, publiées par M. F. Ravaisson, tom. III, pp. 227-289.

Ajoutons que de longs détails au sujet du procès fait à Morin se trouvent dans les *Mémoires* de d'Ar- tigny, t. III, pp. 249-313.

ATIVITÉ (LA SŒUR DE LA).

Vie et révélations de la Sœur de la Nativité (Jeanne Le Royer). Paris, 1817, 3 vol. in-12 ; 1819, 4 vol.

Cette religieuse ursuline, née en 1732, près de Fougères et morte dans cette ville le 15 août 1798, entra d'abord au couvent comme domestique ; elle était complètement illettrée ; elle crut avoir des visions et des révélations ; un ecclésiastique crédule et peu éclairé, l'abbé Genest, écrivit sous sa dictée ce qu'elle croyait, de bonne foi sans doute, avoir vu ou entendu. Il y avait là un de ces cas pathologiques et psychologiques dont la science a recueilli bien des exemples. Genest garda son manuscrit jusqu'à sa mort survenue en 1817, sans avoir l'idée de le livrer à l'impression ; ses héritiers le vendirent à un éditeur qui devina là une spéculation assez lucrative et qui ne se trompa point. Les destinées futures de l'Église, la fin du monde occupent une large part dans ces révélations, où parmi beaucoup de rêveries, il se rencontre des passages qui ne manquent pas d'élévation. Le contenu des diverses éditions est indiqué dans la *Biographie universelle* (art. NATIVITÉ).

L'*Ami de la religion et du roi* (t. XXIII et XXIV) donne une analyse détaillée de cette fastidieuse réunion de pieuses et édifiantes rêveries en prenant la peine assez superflue de déclarer que ce qu'annonçait la Sœur de la Nativité n'était nullement article de foi. Une défense anonyme de l'authenticité des assertions de l'Ursuline parut en 1820 sous le titre de : *Réponse de mon oncle sur la censure des révélations de la Sœur de la Nativité.* In-8°, 16 pages, sans indication de lieu ni d'année. —Voir aussi : la *Chronique religieuse*, t. III, p. 146.

NAUNDORFF (CHARLES-GUILLAUME de).
Partie préliminaire de la doctrine céleste de

Notre Seigneur Jésus-Christ, publiée par le fils de Louis XVI, roi de France, Charles-Louis, duc de Normandie, S. L. 1839, in-12.

Doctrine céleste, « ou l'Evangile de Notre Seigneur Jésus-Christ dans toute sa pureté primitive, telle qu'il l'a prêchée lui-même pendant sa carrière terrestre, révélée de nouveau par trois anges », publiée par.... *Genève, Gruas*, 1839, in-12.

Ces deux ouvrages remplis d'extravagances, n'ont point été écrits par le prétendu duc de Normandie; ils sont l'œuvre d'un de ses adhérents. Le véritable nom de cet imposteur était Charles-Guillaume de Naundorff. Quérard donne de très longs détails à son égard, dans ses *Supercheries littéraires*.

NERCIAT (ANDRÉA DE).

Littérateur français un peu aventurier; après avoir passé quelques années en Allemagne, il mourut en 1800, enfermé au château Saint-Ange où les Français, maîtres de Rome, l'avaient jeté comme émissaire de la cour de Naples. Il pouvait parfois raisonner juste, mais il était livré à une monomanie libidineuse qui lui inspira un grand nombre d'ouvrages parfois de longue haleine et bien plus qu'érotiques. Nous nous dispenserons d'en transcrire les titres.

NEUFGERMAIN (Louis de).

Poète français dont le cerveau était un peu dérangé ; il figurait comme une espèce de fou aux abords de la cour de Louis XIII, et il se qualifiait lui-même de « poète hétéroclite de Monsieur, frère unique de Sa Majesté. » Grand faiseur d'acrostiches il entassait les idées les plus bizarres dans ses écrits qui ont été réunis sous le titre de : *Poésies extraordinaires et irrégulières conceptions.* Paris, 1630-1637, 2 vol. in-4°. Tallemant des Réaux a parlé de ce pauvre insensé : « Il porte une longue barbasse et aime fort à faire des armes. » M. Viollet le Duc en a dit quelques mots dans sa *Bibliothèque poétique,* t. I, p. 475 Voir aussi le *Dictionnaire* de Bayle, et la *Bibliothèque françoise* de l'abbé Goujet.

NEUMANN (F.-J.-B.)

Illuminé prussien ; vivait dans les premières années du siècle. Quoique *Inspector und oberprediger* à Templin, il se laissa entrainer à d'étranges rêveries qu'il exposa dans deux ouvrages allemands : *Sur la nature des choses, essai astronomique, chimique, physique et philosophique.* Berlin. 1810 ; *Coup-d'œil sur les mystères des desseins de Dieu sur le genre humain depuis la création jusqu'à la fin du monde.* Strasbourg, 1810, in-8°.

Newton (Isaac).

Il faut bien classer cet immortel génie parmi les visionnaires , puisqu'il se laissa entrainer à d'étranges illusions dans ses commentaires sur Daniel et sur l'Apocalypse. *Londres*, 1733; traduit en latin, *Amsterdam*, 1737. D'après le système d'interprétation qu'il avait inventé, il traduit les expressions du prophète hébreu ; « un temps, deux temps et la moitié d'un temps » par 1260 années solaires, et prenant pour point de départ l'an 800 de notre ère, il fixe vers l'an 2060, la destruction de la papauté. Dans le commentaire sur l'Apocalypse. Newton s'attache surtout à déterminer la date de la destruction du monde actuel, et la venue d'un monde nouveau où règnera la justice.

« On s'est souvent demandé ce·qui avait pu con-
« duire un esprit si sévère, si mathématique à s'oc-
« cuper de pareilles études. Les uns y ont vu le
« déclin du génie de Newton, les autres ont pensé
« qu'il avait cédé aux entrainements du temps où il
« vivait. Aucune de ces suppositions ne nous paraît
« fondée. Newton, comme tous les hommes qui ont
« fait de grandes choses, se croyait investi d'une
« mission divine ; cette croyance se fortifiant avec
« les progrès de l'âge, cherchait un aliment dans
« les prophéties de la Bible, où les nombres qui
« avaient fait le tourment et le bonheur de sa vie,
« jouent un si grand rôle » (Hoefer, *Nouv. Biogr.
générale*).

Nicholas (Henry).

Visionnaire qui, vers 1574, se mit à la tête d'une secte qui prit le nom de la « *Famille d'amour* (Famil y of love); » il prophétisait, annonçait l'avénement d'un nouveau Messie, et il ouvrait la porte à bien des excès.

Cette secte donna lieu à d'assez nombreux écrits indiqués dans le *Bibliographer's Manual* de Lowndes aux articles Knewster, Love, Nicholas, T. Rogers; elle subsista longtemps puisqu'en 1641, paraissait la *Description of the Sect called the Family of Love with their common place of Residence.* Un édit daté du 7 juin de la 22ᵉ année du règne d'Élisabeth condamna au feu les écrits de Nicholas et menaça de punir ceux qui les possèderaient. Nicholas était d'origine hollandaise, et les traductions anglaises de ses divers ouvrages sont, pour la plupart indiquées comme : *Translated out of Base almayne.*

Noyes (John Humphrey).

Américain qui s'attribue le don de prophétie ; il a fondé la secte des *Perfectionnistes* ou *Communistes bibliques,* lesquels se piquent d'emprunter leurs théories à la Bible ; ils prétendent avoir établi sur cette terre le gouvernement divin; ils placent les deux sexes sur un pied complet d'égalité; ils déclarent que le mariage est un vol et une fraude, ainsi que la propriété ; ils ne reconnaissent aucune législation humaine. Ils sont établis à Oneida Creek, sur le parcours du chemin de fer central de New-York. Le nombre des prosélytes est d'environ 300. On trouve à l'égard de cette secte ultra-socialiste des détails curieux et fort peu connus, dans un volume publié à Gand en 1869 : *La Nouvelle Amérique*, traduction de l'anglais avec une préface et la biographie d'Hepworth Dixon par Philarète Chasles. Tout chez les Perfectionnistes, jusqu'aux actes les plus insignifiants, est signalé comme une inspiration du ciel.

ETTINGER (Frédéric-Christophe), visionnaire allemand ; épris des doctrines de Swedenborg, il traduisit quelques-uns de ses ouvrages ; il entreprit de révéler au monde entier les mystères de la philosophie·des Hébreux, des prophéties d'Isaie, etc.; ses écrits parurent de 1739 à 1763. Voir le cat. Ouvaroff, n° 130

OEIL ! *L'œil typographique offert aux hommes de lettres de l'un et de l'autre sexe (sic, l'auteur ne pouvant digérer la femme de lettres), et notamment à MM. les correcteurs, protes, sous-protes, etc.* Paris, Firmin Didot frères, 1839, in-8", 34 pages.
Brochure où s'entassent toutes sortes d'idées in-

cohérentes et bizarres, exposées dans un style des
plus étranges. En tête une planche lithographiée où
il y a du grec, de l'arabe et de l'hébreu.

Oeuvres *de l'Esope de Saint-Germain en Laye,*
dédiées à l'humanité. Causes célèbres de Saint-
Germain en Laye, s. l., 1764, in-8°, 318 pages.

Nous n'avons jamais rencontré ce volume ; qui,
selon le cat. Luzarche, 1869, n° 4700, présenterait
des documents assez curieux, sous une forme incor-
recte et bizarre qui peut faire placer l'auteur parmi
les fous littéraires.

O'KELLY (Charles).

Souvenirs d'Agnès de Bourbon, ou les Coquilles
de l'orphelin de Bordeaux, esquisses de la mer et
de l'avenir par un enfant de la mer, naturalisé ir-
landais-français, Charles-Denis-William O'Kelly
Parrell, chevalier de Saint-Jean de Jérusalem et dit
le comte Charles O'Kelly, pour la dernière fois.
Paris, Hivert, 10 avril 1832. XXXII et 88 pages.

Production inspirée par un royalisme exalté, em-
bellie de blasons symboliques et qui révèle une tête
mal équilibrée. Contentons-nous d'en transcrire
quelques lignes prises au hasard : « Charmantes
« Bordelaises, au teint argenté, vous penserez par-
» fois peut-être à l'auteur des *Souvenirs d'Agnès* ;
« vous direz (s'il échoua) : ce fut un fou, mais son

« cœur fut pourtant pur ; ainsi, consolations pour
« les siens, et les siens s'en ressentiront, car des
« vœux de femmes, oui, oui, portent tôt ou tard
« bonheur à ceux qui en furent l'objet. »

Olivier (D -M).

Auteur de plusieurs ouvrages de grammaire et
d'étymologie, (notamment de l'*Optike du cœur,*) dont
M. de la Sicotière a donné l'indication, plus complète que ne l'avait donnée Quérard, dans les *Supercheries* ou dans le *Dict. des Anonymes.* Ces ouvrages
sont d'une excentricité qui touche à l'insanité.

*Ordre (l') du domicile du temple et du tabernacle
vivants de Dieu qui sont son Verbe fait homme,
personnellement et collectivement dont je manifeste,
par sa faveur spéciale, l'expression visible, salutaire, harmonieuse, couronnée de gloire et pleine de
bonheur comme mon Église.* Paris, 1834, in-8°.

Cette époque était féconde en folies de ce genre ;
nous ignorons quel est l'auteur de cet opuscule ; il
fut suivi d'un autre :

« L'ordre de la résurrection simple ou de la per-
« fection de notre père céleste, tel que Dieu le de-
« mande pour son bonheur inaltérable, tel qu'il se
« manifesta dans la quarantaine glorieuse de Jésus-
« Christ revécu pour être aujourd'hui l'expression
« merveilleuse de son immortalité qui reste en com-
« munication dans son triple rapport comme un

« levain splendide qui fait fermenter son ample
« sujet au profit de la Sion permanente. »

En vers.

(Catalogue de la *Bible impér. Histoire de France*,
t. IV, p. 771).

PAOLETTI.

Jésuite dont les rudes travaux de mis-
sionnaire dans l'Amérique du Sud avaient
dérangé la raison. Il était enfermé depuis cinq ans
lorsqu'il écrivit sur les questions alors si fort con-
troversées de la grâce et du libre arbitre un livre
rempli d'absurdités. Les instruments symboliques
du culte des Hébreux étaient, selon lui, employés
pour déterminer la condition future des fils d'Adam ;
il chercha, au moyen de gravures, à élucider cette
idée peu nette. Dans un autre écrit, il voulut établir
que les Aborigènes de l'Amérique étaient les descendants directs du diable et d'une des filles de
Noë.

PARACELSE (Aureolus-Phil.-Theophr.).

Alchimiste, médecin, philosophe, esprit souvent
égaré, charlatan insigne et talent incontestable,
souvent discuté et encore mal connu. Nous n'avons
pas à reproduire ici des détails qu'on trouve très
facilement. On a mis sous son nom une *Prognosti-*

catio datée de 1536, mais bien plus récente; on y trouve des allusions au cardinal de Richelieu, évidemment venues après l'événement.

Paracelse composa, dit-on, 250 traités différents; il peuplait le monde de démons et de génies, et, précurseur de nos spirites, il affirmait s'être entretenu dans l'autre monde avec des personnages célèbres, notamment avec Avicenne.

Voir: Adelung, *Hist. de la folie humaine*, t. VII, pp. 189-365; Hoefer, *Hist. de la chimie*, t. II, p. 7; Rousselot, *Hist. philosophique du moyen-âge*, t. II, p. 236; Renouard, *Hist. de la médecine*, t. II, p. 123; le *Dict. des Sciences philosophiques*, t. IV, pp. 549-557; Cap, *Études biographiques pour servir à l'hist. des Sciences naturelles*, etc.

PARISOT (J.-P.).

La Foy dévoilée par la raison, dans la connaissance de Dieu, de ses mystères et de la nature. 1680, in-8°, 280 pages.

L'auteur était un homme grave, conseiller du roi, maître ordinaire de la Chambre des comptes; ce n'en était pas moins un aliéné, avec cette circonstance commune à ces réformateurs qu'a vus surgir le XIXᵉ siècle (nous laissons de côté les fourbes et les charlatans); il croyait tenir en sa main la vérité des vérités, ignorée jusqu'à lui. Ses divagations inintelligibles roulent principalement sur le début de l'Évangile de Saint-Jean.

M. Du Roure lui a consacré un court article
(*Analecta Biblion*, t. II, p. 343) : « Parisot trou-
« vait dans la matière les trois éléments de la Tri-
« nité : le Sel, générateur des choses, répondant à
« Dieu le père ; le Mercure, dont l'extrême fluidité
« représente Dieu le fils, répandu dans tout l'uni-
« vers ; le Soufre, qui, par sa propriété de joindre
« le sel au mercure, figure évidemment le Saint-
« Esprit. »

Condamné au feu, le livre de Parisot est devenu
très rare, sans être fort recherché.

PAULI (OLIGER).

*Bericht... Adresse à toutes les puissances de
l'Europe.* 1706, in-8°.

Oliger Pauli, l'auteur de cet écrit et de quelques
autres du même genre (la plupart en langue hollandaise), né en 1644 à Copenhague ; fort jeune encore,
il prétendit avoir des visions, et à douze ans, il se
vanta d'avoir conclu un pacte avec Dieu ; il s'éprit
de l'idée d'expulser les Turcs de l'Europe, et de dé-
livrer la Judée ; il écrivit dans ce but des lettres
très pressantes à Louis XIV et à Guillaume III, à
l'empereur d'Allemagne, qui n'en tinrent aucun
compte ; il se plaisait à remanier la carte de l'Europe ; il voulait établir les Juifs comme habitants
d'un puissant empire situé sur les rives de la Mer
rouge et retirant de l'île d'Ophir d'immenses
richesses. Il exposa ces folies dans des ouvrages qu'il

répandit en Hollande, et il trouva quelques prosélytes. En dépit de l'exaltation de son cerveau troublé, il parvint à un âge auquel il est donné à bien
peu d'hommes d'atteindre ; il était dans sa 98ᵉ année
lorsqu'il mourut en 1740.

Voir : Adelung, t. IV, pp. 374-388.

PETIT (l'abbé).

C'était un pauvre curé normand dont la tête
n'était pas bien saine ; de mauvais plaisants le mys-
tifièrent en lui faisant composer, en lui dictant deux
tragédies ridicules qui ne furent jamais représentées,
comme bien l'on peut croire : *David et Bethzabée*,
1754 ; *Balthazar*, 1755.

L'auteur dit dans sa préface : « On m'a fait naître
« quelques scrupules au sujet de certains vers dont
« le style est assez fort pour qu'on les soupçonne
« du grand Corneille. Diverses personnes se sont
« récriées au sujet du nom d'*Hanon*, roi de Raba, à
« cause d'une ridicule équivoque avec celui d'un ani-
« mal fort connu. » On trouve des vers tels que
ceux-ci :

> « Quel est donc le sujet qui cause votre angoisse,
> « Qui du sein des plaisirs vous porte à la tristesse? »

L'auteur justifie cette rime : « Elle n'est peut-être
que neuve »

David manifeste ses inquiétudes :

> « Quatre rois, vive Dieu ! ci-devant mes amis,
> « Devenus tout à coup mes mortels ennemis. »

SAUL.

« Et ce prince, vainqueur de mille incirconcis,
« Frémissait que David en eut dix mille occis. »

NATHAN.

« Très puissant en troupeaux de bœufs et de moutons,
« A peine pouvait-il les paître en ses vallons. »

POIRET (PIERRE).

Eruditione De triplici, solida, superficiaria et falsa. Amstelodami, 1693, in-12, et 1707, in-4°.

Le but de cet écrit est d'établir qu'il n'y a point de véritable savant sans une illumination d'en haut. L'auteur, Pierre Poiret (né à Metz en 1646, mort en Hollande en 1719) a laissé de nombreux écrits.

Il s'est fait surtout connaître comme éditeur des *Œuvres d'Antoinette Bourignon* (Amsterdam, 1679, 19 vol. in-8") et de plusieurs ouvrages de Mme Guyon.

Dans son *Idea theoligiæ christianæ juxta principia J. Boehmi.* Amsterdam, 1687, in-12, il reconnaît que l'intelligence de l'écriture sainte est à peu près impossible. Personne ne lit plus aujourd'hui l'*Economie divine, ou système universel et démontré des œuvres et des dessins de Dieu envers les hommes* (Amsterdam, 1687, 7 vol. in-8°); il en existe une traduction latine, *Francofurti*, 1705, 2 vol. in-4°, et une en allemand) ; Poiret s'efforce d'y établir d'une manière certaine, l'accord général de la nature et de la grâce, de la philosophie et de la théologie.

Sa *Bibliotheca mysticorum*. Amsterdam, 1703, pourrait être consultée, mais elle manque de critique.

Poniatowska (Christina).

Prophétesse, née en 1610; elle était fille de Julien Poniatowsky, membre d'une des plus illustres familles de la Pologne, qui débuta par embrasser la vie monastique, mais bientôt, jetant le froc aux orties, il quitta sa patrie, se réfugia en Bohême et s'y maria; après avoir subi diverses persécutions, il entra comme bibliothécaire chez un seigneur morave, le comte Charles de Zerotin; sa fille fut admise chez la baronne Engelburg von Zelking; bientôt sa tête s'exalta; elle eut des visions dont le récit fut très amplement couché par écrit; elle débita beaucoup de prédictions qui trouvèrent des croyants et qui furent réimprimées à diverses reprises; les livres de ce genre rencontrent toujours des amateurs. Vers 1632, la raison lui revint, elle se maria, et après douze ans d'un mariage qui fut paisible, devenue mère de cinq enfants, elle mourut le 5 décembre 1644 dans un âge peu avancé. Adelung a pris la peine de lui consacrer un long chapitre, tom. VI, p. 267-331, mais il n'offre aujourd'hui qu'un bien médiocre intérêt.

Postel (Guillaume), né en 1505, mort en 1581.

Doué d'une vaste érudition, chercheur infatigable, inquiet, visionnaire, de même que bien d'autres esprits malades, il écrivait sans relâche, abordant toutes sortes de sujets ; le *Manuel du Libraire* donne la longue liste de ces productions que les bibliomanes recherchent avec empressement sans se croire tenus de les lire ; la plus extravagante de toutes a pour titre : *Les très merveilleuses victoires des femmes du nouveau monde*. Paris, 1553, in-16, réimprimé vers 1750 et à Turin, J. Gay et fils, 1869, à 100 exempl.

Devançant les insanités débitées dans notre siècle, Postel veut régénérer le monde au moyen de la femme ; il a trouvé la nouvelle Eve ; c'est une vieille Italienne qu'il nomme *la mère Jeanne* et dont la substance est passée dans la sienne.

Voir : Adelung, t. VI, p. 166-206 ; Sallengre, *Mémoires*, t. II, Du Roure, *Analecta Biblion.* t. I, p. 387 ; *le Conservateur*, avril 1756, p. 28-44 ; les *Mélanges extraits d'une grande biblioth.* t. I, p. 161 ; le *Dict. des sciences philosophiques*, t. V, p. 82 (analyse du traité : *de Orbis terræ concordia*.)

« Postel qui n'avait ni goût, ni esprit, mais qui
« avait autant de génie qu'on peut en avoir sans goût
« et sans esprit, a surtout une aptitude incroyable
« à remuer les souvenirs de l'antiquité. C'est une
« espèce de grand homme dans un autre siècle.
« Leibnitz n'a pas été plus savant, ni Bacon plus
« universel » (Ch. Nodier).

Sur les voyages de Postel en Orient, voir : le *Sera-*

peum. Leipzig, 28 février 1853 ; ce même journal, n° 23 et 24 de 1858, donne une liste raisonnée de 24 ouvrages de P. que possède la bibliothèque de Dresde.

Quelques citations ne seront pas ici hors de propos. " Mais sur toutes les créatures qui oncques
" furent, ou sont, ou qui seront, ha esté en cette vie
" admirable la très saincte Mère Johanna qui est
" Eve nouvelle, laquelle, par trente ans ou environ
" ha esté en continuelle méditation spirituelle et
" mentale et quasi autant de temps à ministrer aux
" pauvres malades à l'ospital, de laquelle jay vu
" choses si miraculeuses et si grandes qu'elles exce-
" dent tous les miracles passés, sauf ceux d'Adam,
" nouveau Jésus, mon père et son époux. Outre
" qu'elle me révéla innumérables secrets des Escrip-
" tures, elle me predit aussi choses principalement
" touchant la destruction du règne de Satan et la
" restitution de celui du Christ qui doibvent adve-
" nir et entre les aultres qui je devois être son fils
" ainé...... "

" Plus diray avec souveraine raison que pour
" montrer au veu et sceu et très parfaite cognois-
" sance de tout le monde la grande sotise et imbe-
" cilité de Satan, Dieu délibéré que par la femme
" soit réellement vaincu Satan, et tant en savoir
" qu'en pouvoir surmonté que vrayment, réalement
" et de fait soit lié et contraint de laisser l'humaine
" génération en liberté. Et n'eut Dieu jamais permis
" que ladite partie inférieure de l'homme et la

« maternité universelle eust été par le meschant, sot
« et couart Satanas surmontée si n'eust été à cette
« fin que quand il auroit, le pis qu'il aurait pu, tué
« tous les enfants de femme, il peust, non pas par
« l'homme seulement, mais par la femme en son
« entier restituée, tant en savoir comme en force,
« surmonté. »

Consulter aussi le *Conservateur*, avril 1758,
p. 26-40; Audin, *Hist. de Calvin*, 1850, t. I, p. 83;
M. du Roure, *Analecta biblion*, t. I, p. 387, a ana-
lysé l'*Histoire mémorable des expéditions faites par
les Gauloys*; la *Grammatica arabica* est l'objet
d'une longue note dans le catalogue Silvestre de
Sacy, t. II (1846), n° 2761; la *Commentatio de
Etrariæ regionibus...* a été réimprimée dans le
t. VIII du *Thesaurus antiquit. ital.* de Burman.

PROUVY (P.-J. DE).

Général-major, pensionné honorablement au
louable service de l'auguste maison d'Autriche.

*Relation de la courte campagne de 1815 en Bra-
bant méridional.* Dinant, imp. Rosolani, 1827, pet.
in-8°, 67 pages.

Le *Bulletin du bibliophile belge*, tom. III,
pp. 126-132, fait connaitre, par d'assez longs
extraits, cette production excentrique, dans laquelle
il est bien peu question de la campagne de 1815;
les digressions s'enchevêtrent de la façon la plus
bizarre et l'auteur, qui tient en profond mépris

l'orthographe et la ponctuation, compose ordinairement ses chapitres (il y en a vingt-deux) d'une seule
phrase.

*Réalité de la magie et des apparitions. Ouvrage
dans lequel on prouve par une multitude de faits et
d'anecdotes authentiques et par une foule d'auto-
rités incontestables, l'existence des sorciers, la certitude des apparitions, la vérité des possessions*, etc.,
(par l'abbé Simonet). Paris, 1819, in-8°.

Une note du cat. Emeric-David (1862) n° 876, dit
que la Congrégation de Rome dépensa des sommes
considérables pour retirer les exemplaires de ce
livre absurde.

*Recherches sur les fonctions providentielles des
dates et des noms dans les annales de tous les
peuples.* Paris, 1852, in-8°, 294 pages.

L'auteur trouve dans les noms et les dates, sept
lois harmoniques qui dominent dans les évènements
de l'histoire ; il se livre à des séries de combinai-
sons obscures et compliquées où il serait fort inutile de chercher à le suivre ; il croit avoir découvert
qu'il y aura 278 papes, ni plus ni moins. Voir
d'ailleurs : la *Bibliothèque de l'École des Chartes*,
3ᵉ série, tom. IV, p. 193.

*Réflexions morales et politiques sur S. A. R. feu
Charles-Ferdinand d'Artois, duc de Berry, poème
en sept chants.* In-8°, 119 pages.

Une note manuscrite de Quérard signale comme auteur le chevalier Luzy-des-Beaux. C'est une des plus étranges productions qu'il soit possible de rencontrer; le *poète* commence par exposer longuement ses idées sur la césure; il a imaginé de la faire marquer dans l'impression. Exemple :

> Ne font qu'à leur déli : re élever des autels ;
> Toi que je crois vivant : bien mieux que les mortels.

L'auteur dédie « ce fruit de son zèle à la vie pré-« sente et imaginaire de feu S. A. R. le duc de « Berry, à présent, de toute éternité, bienheureux. »

L'ouvrage se termine par quelques petites pièces de vers; transcrivons deux quatrains :

> D'aimer ses ennemis : c'est difficile à l'homme
> Surtout de pardonner : à d'ogres assassins.
> En est-il parmi nous : dans nos pieux mondains
> Qu'aux forts de leurs revers : ruminent pareil somme?

> Si l'on voit pardonner : c'est rare dans ce monde
> Encore y trouve-t-on : quelque intérêt caché,
> Mais sans fiel, sans rancune : en parcourant sa ronde
> D'aimer ses ennemis : est un divin péché.

Restif de la Bretonne (N.-E.).

Sans ranger décidément au nombre des fous, ce très fécond et bizarre écrivain, on peut affirmer qu'il n'avait pas toujours la tête bien saine. *L'Etude critique* du docteur Mireur, de Marseille, placée en tête de l'édition nouvelle du *Pornographe* (Bruxelles,

Gay et Doucé, 1879, pet. in-8°) reconnaît qu'une sorte de délire fatal avait dévié les élans de cette organisation exceptionnelle ; il se laissa aller à la dérive d'une imagination extravagante.

Dédaigné, oublié pendant plus de soixante ans, Restif s'est ensuite emparé de l'attention publique ; M. Monselet lui a consacré un petit volume intéressant.

L'infatigable bibliophile Jacob (M. Paul Lacroix) a fait paraître en 1875 à la librairie Fontaine, sous le titre de *Bibliographie et Iconographie de Restif de la Bretonne*, un gros volume qui est un chef-d'œuvre de patience et d'exactitude bibliographique.

Les deux cent et quelques volumes composés par Restif, après être restés longtemps sur les quais, offerts à des prix minimes, sont devenus l'objet de recherches ardentes ; ils se payent très cher.

M. Aug. Fontaine inscrit sur son catalogue de 1878-79, les *Nuits de Paris*, 16 tom. en 8 vol., 900 francs ; et l'*Année des dames nationales*, 12 vol. 500 francs.

Quel que soit le nombre des ouvrages de Restif, il se proposait de l'accroître grandement, car il a lui-même indiqué plus de trente productions qu'il préparait ; on y remarque les *Mille et une Sottises*, les *Mille et une Métamorphoses*, le *Tour de France*, le *Naufrage*, etc.

REVERONI DE SAINT-CYR (LE BARON), mort en 1826.

Après avoir été militaire, il se fit littérateur; il composa un assez grand nombre de pièces de théâtre fort oubliées aujourd'hui et quelques romans où se montre une imagination surexcitée : le *Torrent des passions*; *Pauliska, ou la Perversité moderne*; M. Paul Lacroix a consacré une note à ce dernier ouvrage, *Bulletin du bibliophile*, 1852, p. 401.

Révéroni devint fou, et sa folie se déclara d'une façon singulière. Il écrivit aux sociétaires du théâtre Feydeau pour leur demander une lecture qu'on lui accorda; il parut, son manuscrit à la main, de l'air le plus sérieux et lut les noms des personnages de son opéra-comique intitulé : *les Amours du Marais*. Premier crapaud, M. Huet; second crapaud, M. Ponchard; première grenouille, Mme Lemonnier, etc. On n'en écouta pas davantage, et l'on interrompit l'auteur qui fut conduit dans une maison de santé où il mourut (*Catalogue Soleinne*, n⁰ 2441). Coïncidence étrange; une des pièces de Révéroni est intitulée : *le Délire*.

REYNAUD (JEAN).

On ne saurait refuser à ce collaborateur de Pierre Leroux à l'*Encyclopédie nouvelle*, à ce représentant du peuple en 1848, une place parmi les illuminés. Dans son livre intitulé *Terre et Ciel*, il se prononce avec Pythagore et Platon pour la pré-existence des âmes, pour une série d'existences après la mort. Comme bien d'autres rêveurs, il se flatte que la puissance de l'homme sur la nature se développera dans des proportions inouïes jusqu'ici ; il annonce qu'on se rendra maitre de la nuit, du chaud, du froid, de la pluie ; il a l'idée de rendre l'Océan productif : « Qui sait tout le profit dont la masse des mers sera peut-être un jour la source ? Je ne puis croire que cette immense partie du domaine de l'homme soit condamnée à une stérilité perpétuelle, à ne jamais verser d'autre richesse dans nos sociétés qu'un peu de sel et de poisson : le genre humain devenu plus puissant, en tirera parti, à l'exemple de Dieu, pour sa propre économie. »

Tout comme M. Henri Martin, Jean Reynaud partage les chimères relatives à la science des druides : « Le vieux druidisme parle à mon cœur. » Voir dans l'*Encyclopédie nouvelle* (non achevée) son article sur le *druidisme*, tissu d'assertions dépourvues de toute critique.

RICHER (ÉDOUARD), né à Noirmoutiers en 1792, mort à Nantes le 21 janvier 1834.

Épris de la solitude, il se livra à l'étude de l'histoire naturelle, il fit d'intéressantes recherches sur les antiquités de la Bretagne, mais il se laissa gagner par les idées mystiques de Swedenborg, et son intelligence s'égara. Il développa ses théories sur l'homme, sur l'univers, sur le monde spirituel dans huit gros volumes intitulés : *la Nouvelle Jérusalem*, 1832-1836. Il prétend établir l'union harmonieuse du monde des corps avec celui des esprits, mais il n'a pas résolu ce problème fort délicat. Il a laissé, indépendamment de bien des manuscrits, de nombreux ouvrages dont Quérard donne la liste : *France littéraire*, t. XII. Voir aussi : E. Piot : *Mémoires sur la vie et les ouvrages d'E. Richer*. Nantes, 1836. Une édition des *Œuvres littéraires* de Richer avait été entreprise à Nantes ; elle devait avoir 15 ou 16 volumes ; il en a paru sept de 1828 à 1842 ; l'entreprise a ensuite été abandonnée.

Roberts.

C'est de ce nom qu'est signé un opuscule intitulé : « Grand gouvernement universel du monde entier de *Verbum Dei;* » il figure au catalogue de la bibliothèque nationale. *Hist. de France*, t. XI, p. 362, n° 2800.

Roemeling (Christian-Anton).

Illuminé allemand, auteur de divers ouvrages imprimés pour la plupart sans lieu ni date (un est daté de 1710) ; ils sont indiqués au catalogue Alexis Ouvaroff, n° 87-90.

Rohler (Christian et Jérôme).

Deux frères, deux paysans bernois qui, en 1746, s'annoncèrent comme les deux témoins dont parle l'Apocalypse. La femme de l'un d'eux aura la lune sous ses pieds ; le jugement dernier aura lieu le jour de Noël 1748.

L'émotion fut grande dans tout le pays ; quelques brochures répandirent les doctrines de ces novateurs dangereux qui ajoutaient que tout était pur pour les purs. Le juste est impeccable quoiqu'il fasse. Cette théorie pouvait mener loin ; le Sénat de Berne la réfuta péremptoirement ; les deux Rohler furent condamnés à mort et exécutés en 1753.

RONDET (L.-E.), né en 1717, mort en 1785.

Écrivain des plus laborieux, hébraïsant distingué, connu surtout par d'importants travaux sur la Bible ; il eut le tort de vouloir, après tant d'autres, interpréter l'Apocalypse ; dans une *Dissertation* fort longue *sur le rappel des Juifs* (1777, 4 vol. in-12, 1780, 2 vol. in-4°), il annonce que le règne de l'Antechrist ne durera que sept ans, et il fixe la fin du monde à l'an 1860. Il paraît que son calcul s'est trouvé fautif.

ROUSTAING (J.-B.), avocat à la cour de Bordeaux, ancien bâtonnier.

Spiritisme chrétien, ou Révélation de la révélation. Les quatre Evangiles suivis des commandements expliqués en esprit et en vérité, par les Evangélistes assistés des apôtres-Moïse. Paris, Librairie centrale, 1866, 3 vol. in-12.

Cet ouvrage, imprimé à Bordeaux, offre une preuve nouvelle du penchant qui porte les aliénés à écrire sans relâche ; il ne contient pas moins de 1872 pages. On a droit de s'étonner qu'un jurisconsulte éclairé se soit, vers la fin de ses jours, laissé entraîner aux plus absurdes aberrations.

L'auteur annonce tout d'abord qu'il a été messianiquement averti qu'il n'y a là qu'une « œuvre préparatoire à la grande et progressive révélation de « l'esprit de vérité. »

Il raconte que le 26 juin 1861, l'esprit de Jean-Baptiste et celui de son père se manifestèrent à lui ; l'esprit de l'apôtre Pierre se manifesta le 30 juin ; les quatre évangélistes lui dictent l'ordre d'écrire, et il écrit sur les Evangiles un immense commentaire où éclatent, à chaque page, les hallucinations d'un cerveau que le spiritisme a détraqué. Les phrases sont d'une longueur excessive ; des mots en caratères italiques ou majuscules y sont fréquemment intercalés, sans qu'on en devine le motif ; en définitive, il n'y a rien de saillant dans cet interminable et illisible fatras.

ROUSMART (J.-B.).

Ouvrage anti-philologique traitant des obligations et devoirs des Enfants à l'égard de leurs Père et Mère. Tournay, s. d., in-8°, 48 pages.

L'auteur, cerveau fêlé, avait été notaire à Tournay (cat. Wyt à Gand).

ADE (le marquis DE).

Nous ne voulons pas nous arrêter sur cet érotomane trop célèbre, mort à Charenton ; nous indiquerons seulement deux faits peu connus.

Les personnes (en petit nombre sans doute) qui auront pris la peine de lire le *Catalogue de la Bibliothèque nationale*, (*Histoire de France*), auront trouvé (t. XI, p. 19, n° 2400), un opuscule attribué au marquis, sur la foi d'une note manuscrite du temps : *Idée sur le mode de la sanction des lois*, Paris, de l'imprimerie de la rue Saint-Fraire, s. d., (1792). Si cette attribution est exacte, elle atteste une excursion de l'auteur en dehors de son domaine habituel.

Un volume des plus curieux, consacré à une portion peu étudiée de la bibliographie, a été publié à Londres en 1876 : *Index librorum prohibitorum*, in-4°, sous le pseudonyme de Pisanus Fraxi ; il n'a été tiré qu'à petit nombre, et il n'a point été livré au commerce : nous y lisons que M. de ***, à Paris, possède le manuscrit d'un ouvrage de Sade, composé à la Bastille en 1786 : c'est un rouleau de papier couvert de caractères microscopiques ; le fond et la forme sont les mêmes que dans les immondes productions enfantées par l'imagination délirante de ce monomane.

Saint-Mars.

On est bien tenté de ranger parmi les excentriques ou fous, et plus près des derniers que des premiers, un certain M. de Saint-Mars, auteur d'une brochure sur les origines ou les *Etymologies Gauloises*, dans lequel, en faisant plus particulièrement à la Normandie, l'application de son système, il décompose tous les noms de lieux de manière à leur donner les significations les plus étranges. Chaque syllabe, chaque lettre même y devient un mot. Le nom est une phrase. Aucun souci du vieux français, du vieux latin, des noms, types des noms actuels, qui ne renfermaient cependant ni les mêmes syllabes, ni les mêmes lettres. Ainsi, *Alençon* ne viendrait pas d'*Alercum, Alercum d'Auleris*, mais signifierait : *Al* ville — *en* près — *çon* confluent, ou quelque chose d'approchant. Cette singulière élucubration doit avoir eu deux éditions à la fin du siècle dernier.

Saint-Martin (Louis-Claude), dit le *Philosophe inconnu*, né le 18 octobre 1743, mort le 13 octobre 1803.

Il serait fort inutile de redire ici au sujet de ce théosophe célèbre les détails qu'on peut lire dans la *Biographie universelle*, et surtout dans la *Nouvelle Biographie générale* (Paris, Didot, t. XLIII, col. 62-70); nous renverrons aussi aux écrits spéciaux dont il a été l'objet : *Notice biographique sur L.-C. de Saint-Martin*, par Genie. 1824, in-8°; *Essai sur la vie et les écrits de Saint-Martin*, par Caro. 1852, in-8°, et surtout : *Saint-Martin le philosophe inconnu*, par Matter. 1862, in-8°. Dans la longue liste des écrits de cet illuminé (quelques-uns ont été traduits en allemand) on remarque un volume de 460 pages que certains amateurs recherchent à cause de sa singularité : *Le Crocodile, ou la guerre du bien et du mal, arrivée sous le règne de Louis XV, poème épico-magique en 102 chants, par un amateur de choses cachées.*

Saint-Martin avait laissé en manuscrit des traités sur la Bible, sur l'origine des choses, sur le magnétisme, etc.; ils n'ont point été imprimés, il est probable qu'ils ne le seront jamais.

On trouve dans le catalogue Ouvaroff, n°s 139-151 et suiv. des détails bibliographiques sur les œuvres de Saint-Martin, et sur les écrits qui s'y rapportent; il signale sept éditions différentes *Des Erreurs et de la Vérité,* et une traduction allemande (Breslau, 1782).

Dan son *Examen des Dictionnaires de la langue française* (Paris, 1820, in-8°), Ch. Nodier transcrit (p. 258), la définition que donne le lexicographe Boiste du mot : *Martinisme.* « Commerce avec les « âmes, les anges et connaissance des mystères de « la nature; » il ajoute : « je prie les lecteurs de « nos Dictionnaires de ne rien croire de tout cela. « Les *Martinistes* n'ont aucun commerce avec les

« âmes ; il est probable qu'ils n'en ont pas davan-
« tage avec les *anges,* et on doute qu'ils connaissent
« à fond les *mystères de la nature.* Si les lexico-
« graphes devaient en parler, il faudrait qu'ils se
« bornassent à dire ce qui est vrai, c'est que Saint-
« Martin était un fou, et qu'un Martiniste serait un
« charlatan dans le cas où il y aurait encore un
« *Martiniste.* »

SAINT-SIMON, né le 17 octobre 1760, mort le
19 mai 1826.

Nous n'avons point à retracer ici la biographie
de ce chef d'une secte fameuse ; nous ne discute-
rons pas avec ses disciples sur la question de
savoir jusqu'à quel point il appartient à la catégorie
des fous littéraires ; nous n'entreprendrons point
d'exposer sa doctrine ; renvoyons à cet égard aux
ouvrages que signale M. J. Morel à la suite d'un
long article inséré dans la *Nouvelle Biographie générale,* t. XLIII, col. 117-127.

Mentionnons les œuvres choisies de C.-H. de
Saint-Simon, précédées d'un Essai sur sa doctrine.
Bruxelles, 1859, 3 vol. in-12.

Le premier volume contient les *Lettres d'un habi-
bitant de Genève à ses contemporains,* 1807, et
l'*Introduction aux travaux scientifiques du
XIXe siècle,* 1807-1828. Dans ces écrits auxquels
on n'accorda aucune attention, le futur apôtre pour-
suit les idées qui lui furent toujours si chères : une

organisation sociale entièrement neuve, l'égalité de
la femme.

Dans le second volume, le *Mémoire sur la science
de l'homme*. 1813, et le *Travail sur la gravitation
universelle*. Divers ouvrages de peu d'étendue com-
posent le 3ᵉ volume que termine une *Notice bibliographique* (Voir la *Libre Recherche*. Bruxelles,
t. XVII [1860], p. 309).

Sardat (Rose-Marius)

Loi d'Union. Paris, 1847, in-8º, t. Iᵉʳ (et unique).

M. Champfleury (*les Excentriques*, p. 133), parle
en détail de cet ouvrage bien oublié aujourd'hui et
qui est une imitation des rêveries de Fourier ; il
n'y a plus de villes, mais des tribus groupées autour du *Temple du bonheur*, et ayant chacune pour
chef un septuagénaire ; le mariage est conservé, il
doit être célébré deux mois après la coupe des blés
mais il est bien facile à rompre, il suffit d'aller
écrire avant le lever du soleil, sur un registre à ce
destiné : *Mariage malheureux*, et on est parfaitement libre de convoler à de secondes noces tout
aussi faciles à briser. L'auteur était d'ailleurs persuadé qu'il avait trouvé le moyen de faire la félicité
du genre humain, il s'écrie : « si la France accepte la
Loi d'Union, la *Loi du ciel*, elle fera le bonheur de
toutes les familles. » La France a laissé M. Sardat
prêcher dans le désert.

*Shisteime Chevet heicphozé au théhatre des Dhi-
lasmans Khomiqe le* 22 *du mhoiz dhavrile hané*
1853, *san gharanti du gouvernheman. Shinte Chi-
berte hékoute, jhe timplore.*

L'auteur était très convaincu de ce qu'il appelait
sa mission ; son ouvrage n'a pas été imprimé,
M. Ch.-M -L. (Charles Marty Lavaux), qui en parle
dans la *Gazette bibliographique* (Paris, Lemerre,
1868-69, p. 43), dit n'avoir vu que des copies autographiées, exécutées avec beaucoup de soin.

SIEGROLEK (GEORGES-PAUL).

Illuminé allemand ; il mit son nom à un volume
de 140 pages, imprimé en 1705 avec l'indication
supposée de *Pamphilie*, aux frais des bons amis ; le
titre peut se traduire comme suit : *Au nom de
Jésus-Christ, juge des vivants et des morts, prédication de son évangile éternel destiné à anéantir tout
ce qui s'appelle démon, enfer et péché.* L'auteur de
ce tissu d'extravagances se qualifie de « simple
écolier de la sagesse céleste. »

SMART (CHRISTOPHE).

M. Delepierre nous apprend qu'après avoir eu de
brillants succès à l'université de Cambridge, cet
Ecossais fut saisi en 1754, d'une folie furieuse ;
traité selon l'usage du temps avec une rigueur inhu-
maine, il fut enfermé dans une cellule, privé

d'encre, de papier, de plume ; il traça à l'aide d'une clef sur les panneaux de bois de sa chambre, un poème de cent strophes environ, en l'honneur du roi David, poème où se trouvent des beautés réelles, pures de toute extravagance. M. D. en donne des échantillons remarquables.

Smith (Joseph).

Visionnaire fameux, fondateur de la secte des Mormons, né en 1805, mort en 1844 ; il avança qu'un ange lui avait révélé où se trouvaient les *plaques d'or* ou l'*Urim-Thumim*, c'est-à-dire, le pectoral du grand-prêtre ; il les copia, les traduisit, guidé par l'inspiration divine, et entra ainsi en possession des livres sacrés de la religion nouvelle. Ces insanités trouvèrent de nombreux adhérents, et le rétablissement de la polygamie ne fut pas étranger au succès du mormonisme. Il serait superflu d'entrer ici dans des détails qu'exposent de nombreux ouvrages indiqués dans la *Nouvelle Biographie générale*, t. VII, 412, à l'article consacré à Bringham Young, second prophète souverain des *Saints des derniers jours ;* voir aussi, t. XLIV, 19, l'article qui concerne Joseph Smith.

Socrate.

Devons-nous placer dans notre galerie ce philosophe célèbre ? Faut-il le regarder comme écrivain ?

Il existe, sous son nom, des lettres insérées dans le recueil des *Epistolographi græci*, pp 609 et suiv. de l'édition revue par M. H. Hescher. (Paris, Didot, 1872, gr. in-8° (xxxvi et 853 pages); malheureusement elles sont, à bon droit, envisagées comme apocryphes. Faut-il ranger le maître de Platon, parmi les hallucinés à cause de son *démon* ou *esprit familier*. Question fort controversée; Plutarque, Maxime de Tyr, Apulée, s'en sont occupés; un physiologiste des plus distingués a repris le problème; tout en rendant à Socrate le plus bel hommage, M. Lelut, dans un écrit publié en 1836, le déclare formellement atteint de monomanie. C'était un grand réformateur, un apôtre, mais en même temps un halluciné, un visionnaire.

Soubira.

Cet aliéné avait été notaire près de Cahors; il se persuada qu'il était l'Apôtre d'Israël, le Messie de l'univers, le Lion de Judas, etc., il exposa ses insanités dans un grand nombre d'opuscules; Quérard en a indiqué vingt-huit (*France littéraire*, IX, 210); il suffira de citer les titres de quelques-uns: *La Fin du monde prédite par Soubira, son époque fixe, celle de la venue du Messie d'Israël et du premier jour du nouveau paradis; l'Éternité du globe terrestre*, etc.

M. Delepierre nous apprend que Soubira s'était, tout comme d'autres visionnaires, fort occupé du nombre 666 cité dans l'Apocalypse. Il fit imprimer deux ouvrages à cet égard, l'un en 1824 (9 quatrains précédés de plus de 200 pages de prose) ; l'autre daté de 1825, 18 couplets ou stances de 5 vers ; à la fin de chaque vers le nombre mystérieux. Donnons d'après M. D. un échantillon de cette poésie :

Les banquiers de la France	666
Des organistes de la foi	666
Et des concerts de la cadence	666
Vont accomplir la loi	666
Et contre-miner l'alliance	666

SOUTHCOTE (JOANNA).

Book (The) of wonders, (Le livre des merveilles). Londres, 1813-1814, in-8°.

Cette visionnaire avait, dès 1792, commencé à prophétiser, et en 1802, il parut une continuation de ses prédictions ; indiquons parmi ses écrits remplis d'extravagances :

Dispute entre la Femme et les puissances des ténèbres. 1802 ; *Communications divines et spirituelles.* 1805 ; *Avis au monde.* 1804 ; *Pleine assurance que le royaume de Dieu est proche.* 1805. Elle trouva de nombreux adhérents (l'absurde est toujours certain de recruter des adeptes).

Elle mourut en 1815. Aujourd'hui nul ne s'en souvient.

17

STELLING (dont le vrai nom était Jean-Henri Jung).

Visionnaire allemand ; nous connaissons de lui : *Voyages par terre et par eau; Souvenirs des pérégrinations d'un chrétien dans les quatre parties du monde; Série de lettres écrites en 1797 et en 1798.* Nuremberg, 1799, in-8°, XXXVI et 153 pages. Nous laissons de côté quelques autres ouvrages.

STEWART (WILLIAM HAMILTON).

A new System of Nature on the basis of Holy Scripture. Glascow, 1861, 2 vol. Nous citons cet ouvrage d'après M. Delepierre ; l'auteur s'est proposé de mettre d'accord la Bible avec les découvertes scientifiques ; il affirme, entre autres nouveautés, que l'air et l'eau sont chimiquement la même chose, que toutes les substances terrestres ne sont que des formes diverses de l'or, etc.

SUENCKFELDIUS (CASPAR).

Illuminé allemand qui vivait au milieu du XVIme siècle et qui latinisa son nom Schwenefeld ; c'était alors un usage fort répandu. Il publia, sans lieu ni date, un petit écrit de 22 pages dans lequel il formulait des doctrines étranges : *De duplici statu, officii et cognitione Christi, videlicet secundum carnem et secundum spiritum.* Cet opuscule fut supprimé, et il est devenu tellement rare qu'on a signalé comme unique un exemplaire qui, après avoir paru dans diverses ventes, a été payé 150 francs à celle de M. le baron J. P*** (Pichon).

Schwenefeld a laissé d'autres écrits du même genre, notamment le *Novus homo*, daté de 1543 et publié sous le nom de Valentinus Cravaldus; ils sont fort peu recherchés et encore moins dignes de l'être.

Swedenborg (Emmanuel).

Nous ne pouvons donner ici qu'une mention succincte à ce célèbre théosophe suédois; né en 1688, mort en 1772. Il a été l'objet de nombreux écrits en allemand, en français; une partie d'entre eux est énumérée dans l'article très développé que lui a consacré M. P. Louisy, *Nouvelle Biographie générale*, t. XLIV, col. 690-703; contentons-nous de citer: M. de Beaumont-Vassy: *Swedenborg, ou Stockholm en 1766*. Paris, 1842, in-8°, et M. Matter, *Ém. de Swedenborg; sa vie, ses écrits et sa doctrine* Paris, 1863, in-8°. Voir aussi: Erdan, *France mystique*.

Swedenborg affirme que le Seigneur lui a fourni l'occasion de converser avec les esprits des terres autres que la nôtre, pendant des journées entières avec quelques-uns, durant une semaine avec d'autres et avec plusieurs des mois entiers.

Les hommes qui habitent la planète Jupiter ne

marchent pas debout; ils ne rampent pas non plus à la manière des animaux; ils se soutiennent de leurs mains pour s'élever à moitié sur leurs pieds et ainsi alternativement; à chaque troisième pas ils tournent la face de côté et regardent derrière eux en fléchissant un peu le corps. Ils ne montrent jamais le dos. Ils se couchent toujours la face tournée à l'opposite de la muraille le long de laquelle le lit est posé.

Les habitants de Mars ne parlent pas par la bouche, mais par les yeux.

Les habitants de Vénus sont d'une taille gigantesque, triple de celle des hommes.

Les habitants de la Lune poussent la voix du ventre et non des poumons; ils font en parlant un bruit de tonnerre.

Faute d'espace, nous laissons de côté : les *Délices de la sagesse dans l'Amour conjugal*, volume de 500 pages, fort ennuyeux, du reste, où Swedenborg raconte ce qui lui fut révélé dans les bosquets célestes par « les trois épouses couronnées de roses et par les sept épouses sur lesquelles tombe une pluie d'or. »

Les écrits de Swedenborg sont fort nombreux; ce visionnaire était, comme la plupart des aliénés de ce genre, atteint de la manie d'entasser volume sur volume; il a trouvé des sectateurs qui ont traduit ses élucubrations en diverses langues, qui ont cherché à propager ses doctrines. On peut consulter : la *France littéraire* de Quérard, le *Manuel du Li-*

braire de J.-Ch. Brunet; Lowndes, *Bibliographer's Manual*, p. 2553-2556; le catalogue Ouvaroff.

THEOPHILUS (Christophorus).

Pseudonyme adopté par un illuminé allemand demeuré inconnu ; il reste de lui un volume publié à Francfort en 1760 (in-8°, XXVIII, 238 pages et une pl. allégorique): *Systema theologico-mysticum* (le titre seul en latin); le reste peut se traduire ainsi : *ou Victoire mystique des douze apôtres sur le péché, la mort, le démon, l'enfer, le monde, la chair et le sang, exposée en sept chants, par la théosophie, la pneumatologie, l'hodosophie, la pantologie, la christophie, la cabale et la magie.* Un autre ouvrage en allemand de cet aliéné parut à Francfort en 1762 : l'*Aurore de la sagesse, les trois principes, ou origine de toutes choses dans le mystère de la sagesse.*

TORNI CHAVIGNY (l'abbé).

Cet ecclésiastique, qui habite la Saintonge, s'est attaché à l'interprétation des centuries de Nostradamus; il a publié à cet égard divers ouvrages des plus étranges. Nous citerons l'*Influence de Nostradamus sur le gouvernement de la France depuis* 1555 *jusqu'à ce jour.* Paris, 1878, gr. in-4°, 56 pages et 8 photographies; *Nostradamus écrivain de*

17.

l'histoire prédite et jugée. 1878, in-folio ; *Prophéties d'Olivarius et d'Orval interprétées par Nostradamus,* recherches et commentaires.

TOWIANSKI (André).

Illuminé Polonais contemporain ; comme bien d'autres, il se posa comme un apôtre, comme le révélateur d'une religion nouvelle, le *Messianisme* (on a singulièrement abusé du mot *Messie*) ; un des traits caractéristiques de cette doctrine, c'était le culte de Napoléon, regardé comme un envoyé de Dieu, comme un être au dessus de l'humanité ; le but connu de peu d'adeptes, était la réunion de toutes les races slaves sous la domination de la Russie. Le poète Mickiewitz dont nous avons déjà parlé, fut l'une des dupes de Towianski qui lui inspira les plus absurdes extravagances.

Two years after... Deux ans après et ensuite, ou la guerre qui approche entre les puissances de l'Europe et autres événements futurs tels qu'ils sont annoncés dans l'Ecriture. Londres (vers 1860), 192 pages.

C'est l'œuvre d'un halluciné dont la raison s'est égarée en méditant sur l'Apocalypse ; la septième coupe de désolation a été répandue sur la terre ; Rome sera détruite en 1866 ; l'empereur de Russie subjuguera toute l'Europe, et voudra conquérir l'Inde, mais l'armée anglo-saxonne, réunie dans la vallée de Josaphat, s'opposera à ses projets ; au moment où une bataille décisive sera sur le point de s'engager, la trompette de l'archange retentira dans les cieux, et le Fils de l'homme descendra au milieu des nuages.

L'auteur de ces prédictions écrit avec la bonne foi la plus complète.

VALLÉE (Geoffroy).
La Béatitude des chrestiens, ou le fléo de la foy. In-8°, 8 feuillets, sans date.

Œuvre d'un fou âgé de 18 ans, qu'il aurait fallu envoyer dans un hospice, et que le Parlement condamna au feu le 9 février 1574.

L'arrêt est inséré dans les *Nouveaux Mémoires* de d'Artigny, t. II, p. 278, et dans les *Archives curieuses de l'histoire de France,* t. VIII. Vallée eut l'imprudence, au milieu de ses divagations, d'attaquer les papistes, de s'indigner contre ceux « qui « au lieu de méditer et contempler chaque jour qui « c'est de l'Éternel et de l'homme, n'ont les mots de « justice, de charité, de religion, qu'en leur bouche « et leur bourse. »

Voir : les Mémoires de Sallengre ; Du Roure, *Analecta biblion,* t. II, p. 31 ; Peignot, *Dict. des livres condamnés* ; Delepierre, p. 33, et surtout le *Bulletin du bibliophile,* 10ᵉ série, pp. 612-622.

L'édition de ce livret fut brûlée avec l'auteur ; il

n'échappa, à ce qu'il paraît, qu'un seul exemplaire qui, après avoir été payé 851 et 510 francs en 1766 et en 1784 (prix énormes à cette époque), entra dans la bibliothèque de M. de Méjanes, léguée à la ville d'Aix (1).

Ce livret a été réimprimé à Bruxelles (librairie Muquardt) en 1867 à 120 exempl (petit in-8°, XVIII et 16 pages avec un avant-propos, signé : *Un biblio-phile* (Gustave Brunet).

VANE (SIR H.).

Visionnaire anglais, publia en 1655, un volume in-4°, dont le titre peut se traduire ainsi : *Les Médi-tations de l'homme dans la retraite, ou le mystère et le pouvoir de la divinité brillante dans le monde vivant pour démasquer l'ancienne lumière et justi-fication de la nouvelle lumière ; témoignage donné à ce siècle.*

Hume a parlé de cet écrit et l'a déclaré : *absolu-tely inintelligible ;* le *Westminster Review* qui le mentionne avec détail, (n° XXXIII, july 1832, pp. 111 et suiv.), qui en transcrit de longs passages, y trouve des pensées profondes et parfois de véri-tables beautés.

Vane fut le chef d'une secte qu'on appelait les *seekers* (les chercheurs) et qui attendaient des mani-festations surnaturelles. L'évêque Burnet qui l'en-

(1) Consulter au sujet de cette riche bibliothèque le volume publié en 1824, par M. Rouard.

tendit prêcher à diverses reprises, convient qu'il ne put réussir à le comprendre ; il professait le millenarisme et faisait partie des *Hommes de la cinquième monarchie.* Ses opinions sur le salut définitif de toutes les créatures paraissent avoir été celles d'Origène. Malheureusement pour lui il voulut se mêler à la politique active ; compromis dans une des conspirations que le parti républicain organisa après le retour de Charles II, il fut jugé au *Banc du roi* et condamné à mort en 1662 ; il mourut avec la plus grande fermeté.

Vanini (Lucilio).

Il n'avait pas la tête bien saine, ce malheureux Italien qui, après avoir erré dans une partie de l'Europe, fut en 1617 condamné à mort par le Parlement de Toulouse et exécuté comme athée. Nous ne nous arrêterons d'ailleurs ni à sa vie, ni à ses ouvrages d'obscure philosophie, que M. Rousselot a traduit en français (Paris, 1841), à l'égard desquels les *Dictionnaires biographiques* et le *Dictionnaire des Sciences philosophiques* contiennent d'amples détails. Signalons une étude intéressante de Victor Cousin qui, après avoir paru dans la *Revue des Deux Mondes,* en décembre 1843, a été insérée dans les *Fragments philosophiques.* Consulter aussi : de Mercey, *Revue de Paris,* 20 juin 1841 ; Bühle, *Hist. de la philosophie,* traduct. franç., t. II, p. 739; l'*Encyclopédie nouvelle,* pp. 588-592, etc.

VAUGHAN KENEALŸ (Edward).

The Book of God (*Le livre de Dieu*); *The Apocalypse of Adam Omnes* (*Adam tous*). Londres, Trubner, in-4°.

L'auteur se désigne par un pseudonyme dont il y a sans doute fort peu d'exemples, O ; il fit suivre son livre de deux autres volumes : *Introduction to the Apocalypse*, et *Commentary on the Apocalypse*, le tout sans date, mais le troisième volume fut mis au jour au mois d'octobre 1870 ; il faut y joindre une continuation qui parut en livraisons séparées, et qui ne forme pas moins de deux volumes : *Enoch, The Second Messenger of God*; on trouve dans ces cinq volumes une vaste érudition mal digérée ; on se montrerait sévère en qualifiant l'auteur d'aliéné, mais il tombe dans l'illuminisme ; son but est de former une religion universelle qui embrassera les Chrétiens de toutes les communions, les Musulmans, les Bouddhistes, les adorateurs de Brahma et de Vichnou.

VINTRAS (Pierre-Michel).

Visionnaire normand qui voulut, il y quarante ans environ, fonder dans le Calvados, une religion nouvelle; il eut des sectateurs, des défenseurs, des adversaires; Quérard, dans ses *Supercheries littéraires*, est entré, à l'égard de ce faux prophète parfaitement oublié, dans des détails très étendus ; il suffit d'y renvoyer.

WESLEY (John).

Illuminé, fondateur de la secte des Méthodistes, né en 1703, mort en 1791.

Écrivain fécond, il publia en vers et en prose un grand nombre d'ouvrages dont Lowndes (*Bibliogr. Manual*, p. 2875), donne la longue énumération, en indiquant aussi diverses apologies, critiques et biographies (parmi lesquelles on distingue celle que composa un écrivain éminent, Robert Southey). Renvoyons d'ailleurs à la *Nouvelle Biographie générale*, t. XLVI, p. 680 et aux ouvrages qu'elle indique.

WEZEL (J.-D.)

Fécond romancier allemand, né en 1737, mort en 1819; à l'âge de 39 ans il tomba dans une aliénation complète, fuyant toute société, laissant croître ses cheveux et ses ongles; il croyait être dieu. On le laissa imprimer quelques-unes de ses élucubrations sous le titre de : *Opera dei Wezelii.* W. S. des Gottes (Delepierre, p. 68).

WALT WHITMANN.

Littérateur américain dont il est question dans le *Correspondant*, 25 novembre 1877.

L'esprit d'individualité, l'exaltation du *moi*, le principe d'orgueil et de révolte, conduisent à la perte de la raison dans le nouveau monde tout comme dans l'ancien ; en France rien de plus commun. Il a paru à Londres en 1868, une édition des écrits du personnage dont il s'agit et qui, né en 1819, s'intitule le poète national. On y trouve toutes les inepties écloses dans la cervelle de ces aliénés qui se proclament eux-mêmes grands hommes et réformateurs universels. Un des recueils de l'Américain, est intitulé : *Leaves of grass* (*Feuilles d'herbes*), *Chants démocratiques, Chants du départ* (*Songs for parting*).

L'auteur s'exprime ainsi :

« J'ai l'idée de tout, je sais tout.

« Je suis divin en dehors et en dedans ; je rends divin tout ce que je touche ou tout ce qui me touche. Ma tête est plus que les églises, Bible et symbole de foi. »

N'y a-t-il pas là tous les symptômes de la démence dont, depuis 1830, nous avons vu de si ridicules exemples ?

Wurtz.

Chanoine à Lyon, mort en 1826, il a publié deux ouvrages.

L'Appolyon de l'Apocalypse. 1816, et les *Précurseurs de l'Antechrist*. 1818. L'un et l'autre ont eu plusieurs éditions ; il est des gens qui trouvent un grand plaisir à lire pareilles extravagances ; Wurtz, cédant à son excitation cérébrale et aux passions politiques de l'époque, se fit des ennomis nombreux ; on aurait dû hausser les épaules, on se fâcha. Renouvelant des théories qu'on croyait abandonnées, Wurtz attribue aux agissements du démon les prétendus miracles du diacre Pâris, les effets du magnétisme et surtout les crimes de la Révolution. Que n'aurait-il pas dit s'il lui avait été donné de voir les tables tournantes, les jongleries des spirites et le règne de la Commune ?

WILLE (DANIEL).

Illuminé allemand ; le catalogue Ouvaroff, n° 110, indique de lui un volume de 417 p. imprimé à Francfort en 1738 ; le titre contient du grec et une citation de la première *Epitre aux Corinthiens* ; on peut le traduire en l'abrégeant par : *Témoignage de la vérité selon la mesure de la grâce.*

WIRGMAN (THOMAS).

Consulter à son égard : l'*Essai* de M. Delepierre, p. 103 ; on y trouvera quelques renseignements sur la *Grammaire des cinq sens*, cours de métaphysique inintelligible basé sur trois idées principales, le *temps*, l'*espace* et l'*éternité*. L'auteur avance avec une conviction parfaite que lorsque ses idées seront universellement adoptées, « elles ramèneront « la paix et l'harmonie sur la terre et remplaceront « le crime par la vertu. »

Wirgman écrivait encore en 1837, et dans une

demande qu'il adressait pour obtenir une chaire de philosophie à l'Université de Londres, il s'écriait : « Tant qu'il me restera un souffle de vie, je ne cesserai de communiquer à un monde nouveau la source du bonheur. »

WRONSKI (HORNE).

Philosophe et mathématicien visionnaire, né en 1798 à Posen, mort en 1853 à Neuilly ; après avoir servi sous le drapeau de la Pologne, il se livra avec ardeur à des études transcendantes qui égarèrent sa raison.

Il prétendait créer une religion universelle, refaire les sciences mathématiques, organiser la politique sur des bases nouvelles ; il se posait comme Messie et comme un autre Newton ; il se vantait de révéler la théorie définitive des nombres, et de donner la solution de l'existence de la matière dans ses trois états ; solidité, liquidité, fluide aériforme. Parmi les divers écrits très nombreux que multipliait son infatigable fécondité, fort obscurs et parfaitement oubliés, nous citerons : le *Messianisme, union finale de la philosophie et de la religion constituant la philosophie absolue* (Paris, 1831-39, 2 vol. in-4ᵉ) et le *Secret politique de Napoléon comme base de l'avenir moral du monde* (Paris, 1837, in-8ᵒ). Ces titres suffisent pour indiquer l'étrangeté des idées qu'ils exposent. Nous avons dit un mot de la querelle de Wronski avec son disciple, le ban-

quier Arson de Nice, contre lequel il dirigea de
très mordantes brochures.

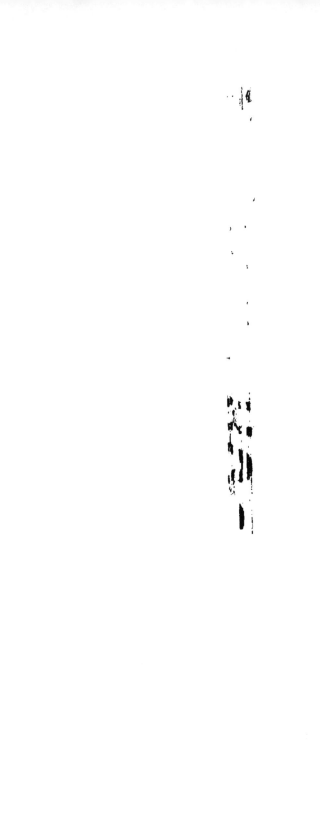

ADDITIONS

De nouvelles recherches et quelques communications bienveillantes survenues pendant l'impression de ce travail, nous permettent d'y placer quelques nouveaux personnages.

On comprend d'ailleurs qu'il aurait fallu plus d'un gros volume si nous avions tenté d'énumérer tous les fous littéraires, tous les écrivains excentriques (1), tous les visionnaires ; nous aurions été entrainés bien loin si, abordant le terrain brûlant des contemporains, nous avions voulu signaler ces poètes, ces

(1) A l'égard de ce mot, rappelons ce qu'écrivait Nodier, dans le *Bulletin du bibliophile* (nov. 1835). « J'entends par livre excentrique, un livre qui est fait hors de toutes les règles communes de la composition et du style, et dont il est impossible ou très difficile de deviner le but, quand il est arrivé par hasard que l'auteur ait eu un but en l'écrivant. »

politiques, ces illuminés, ces monomanes de tout genre qui écrivent, qui parlent, qui ne sont point renfermés et que réclame toutefois la pathologie mentale. Leur tour viendra plus tard.

Asgill (John).

Visionnaire anglais qui publia à Dublin en 1698, un livre étrange où il déduisait de textes bibliques fort tourmentés, la possibilité pour l'homme d'arriver à la vie éternelle, sans passer par la mort. Il soutenait que si les hommes venaient à mourir, c'était par suite de leur manque de foi ; il annonçait que, quant à lui, il serait enlevé au ciel, tout vivant comme Enoch et Elie ; l'autorité s'émut ; le livre de ce fou fut brûlé. et l'auteur fut expulsé de la Chambre des Communes dont il faisait partie.

Baxter.

Louis-Napoléon, the Infidel Antechrist. Volume imprimé au Canada, en 1861.

On ne s'attendait pas à voir l'empereur des Français signalé comme reproduisant la bête

décrite dans le 13ᵉ chapitre de l'Apocalypse ou
comme étant la huitième tête de l'empire romain ;
c'est toutefois ce qu'ont cherché à démontrer les
auteurs de divers écrits publiés vers 1860 : *The
Speaking Image, or Napoleonism prophetically
Unveiled; the Exigence or the Septimo-Octave
Roman Emperorship.*

M. Daniel Stephens *(Brief Exposition of Daniel
and Saint John,* 1861), abonde dans ce sens ; il
annonce que les ennemis de Dieu, dont l'empereur
des Français est le chef, seront écrasés dans la
vallée de Megiddon ; en 1864, le mystère d'iniquité
sera détruit dans des torrents de sang qui s'élève-
ront jusqu'à la bride des chevaux.

Baxter établit que l'Antechrist (Louis-Napoléon)
contractera en 1861, avec les Juifs une alliance
qui durera sept ans ; les Juifs reviendront dans la
Palestine ; ils construiront un nouveau temple qui
sera terminé en 1865 ; le pape, expulsé de Rome,
se rendra également à Jérusalem où il deviendra le
prophète de Napoléon ; tous deux seront vaincus à
Armagedeon, et ce sera en 1868 qu'ils seront pré-
cipités dans le lac de feu.

Baxter s'écrie d'un ton de triomphe, que ce qu'il
avance est clair comme le soleil à midi *(Clear as
the sun at moonday).*

Un officier anglais, le major S. Scott Philips, ne
demeura pas en arrière ; il publia en 1860, un écrit :
Interpretation of th eProphecies, destiné à établir
que Napoléon III était très positivement l'Ante-

christ; en 1863, il devait en cette qualité, exercer sur la terre entière un pouvoir absolu, subjuguer les pays où régna jadis Nabuchodonosor, faire des miracles grâce à l'appui de Satan, commencer en 1865, une persécution sanguinaire contre le peuple de Dieu et succomber en 1867.

On lit dans Ezechiel (XXXIX 2), que Gog, monarque impie, sera retenu par une fourche à dix dents; n'est-ce pas l'annonce évidente des dix puissances qui, en 1856, signèrent le traité de Paris destiné à dompter la Russie? Et peut-on méconnaître les chemins de fer dans cette prophétie : « tes souliers seront de fer et de cuivre. »

Les divers ouvrages où se trouvent exposées ces rêveries ont été l'objet d'une notice intéressante dans le *North British Review*, nº LXXIV (Edinburgh, nov. 1862), pp. 397-421.

BECAN (Jean), médecin belge, né en 1815, mort en 1572.

Il avait étudié non-seulement le grec et le latin, mais encore l'hébreu. Son érudition l'égara ; il voulut établir dans ses *Indo-Scythica* que la langue d'Adam était le teutonique, le bas-allemand, thèse étrange qu'il chercha à soutenir au moyen d'étymologies extravagantes. Voir, entre autres ouvrages : David Clément. *Bibliothèque curieuse*, t. IX, 245, et Paquot, *Mémoires*, t. III, p. 27.

Boguet (J.).

Magistrat qui, contemporain du bordelais De Lancre, dont nous avons parlé, se montra son émule; il raconte dans ses *Discours des Sorciers* (1603-1610), ses exploits à une autre extrémité de la France, dans les montagnes de la Franche-Comté; se livrant de bonne foi à la barbarie d'une procédure en délire, le juge de Saint-Claude condamna au dernier supplice, une foule de malheureux chez lesquels les folies de la lycanthropie complétaient celles de la démonomanie; le sabbat et toutes ses turpitudes étaient pour lui des crimes avérés que le feu seul devait expier. Voir l'ouvrage du docteur Calmel sur la folie, II, 310-336.

Un témoignage curieux de la crédulité de nos ancêtres à cet égard, se trouve dans l'ouvrage de J. Ninauld : *De la lycanthropie, transformation et extase des sorciers où les actions du diable sont mises en évidence.* (Paris, 1615, in-8°), M. Bourquelot a traité à un autre point de vue la lycanthropie dans une dissertation intéressante, 1843, in-8°.

Bousquet (Auguste).

Nous connaissons de cet auteur, le titre du livre intitulé : *Le Mystère de l'Être suprême, livre de vie, immortel ouvrage parfait, fait à Bessenon.* Béziers, 1879, in-8°, 263 pages, mais nous ne l'avons pas rencontré.

CAILLEAUX (CHARLES).

« Apocalypse de celui qui fut Cailleaux », Alex. Dumas en a parlé (*Mes Mémoires*, chap. CXCIV), ainsi que M. Ch. Yriarte, *Célébrités de la rue*. C'était un disciple de Ganeau, dit le *Mapah*. (Voir ce nom).

CHABANNES (le marquis de).

Il exposait en 1831 et 32, dans une des galeries du Palais Royal, des transparents ou tableaux qui accompagnaient des brochures de 4 et 8 pages ; une seule, la *Foudre de vérité*, 1832, atteint le chiffre respectable de 48 p. La police les saisit presque toutes. Après quelques mois d'une exhibition bruyante et contrariée, la famille de ce personnage excentrique réussit, dit-on, à le fixer dans une maison de santé. » (*Intermédiaire*, I, 116).

CHICOT.

C'était sans doute un sobriquet donné à un Gascon qui joua le rôle de fou à la cour d'Henri III et à celle d'Henri IV, et qui fut tué d'un coup d'épée. Voir l'ouvrage de M. Canel sur les *Fous de cour*, pp. 198-207.

On a sous le nom de Chicot deux écrits dont il n'est peut-être pas l'auteur : *Advertissement et premières escriptures du procès* contre *Henry de Va-*

lois. 1589, *Paraboles de Cicquot sur l'estat du roy de Navarre.* 1593.

Colins.

Un ces réformateurs de l'espèce humaine que notre siècle a laissés dans un oubli profond ; il a publié divers écrits, notamment : *Du parti social et de la liberté politique considérée comme complément moral de l'homme,* 1835 ; *Socialisme rationnel,* 1850 ; *Qu'est-ce que la science sociale ?* 1853.

M. Lerminier, dans un article de la *Revue des Deux Mondes,* et plus tard, Capo de Feuillide, dans la *Presse,* ont parlé des idées de Colins. Il rêvait un état de choses où la science éternelle, dont il se regardait comme seul possesseur à l'exclusion du monde entier, serait constituée en l'état de dogme définitif.

Très persuadé de ce qu'il avançait, il fit en 1835, distribuer son livre à tous les pairs, à tous les députés, à tous les professeurs, à tous les journalistes ; personne ne prit la peine de lire cet amas d'extravagances.

Columna (Franciscus).

Moine italien, qui vivait vers le milieu du quinzième siècle ; Nodier, qui s'en est occupé à diverses reprises, le déclare nettement atteint de folie ; il a laissé un ouvrage fort singulier : *Hypnerotomachia,*

imprimé par Alde l'ancien, à Venise en 1499, in-
fol. ; des gravures sur bois, dont les dessins sont
attribués à C. Bellino, augmentent le prix de ce
volume étrange. Quant à la question bibliographique, voir le *Manuel du Libraire*, t. IV, p. 773 et
A. F. Didot, *Alde Manuce*, p. 132 et suiv.

L'*Hypnerotomachia* est une sorte de roman philosophique, écrit dans une langue factice ; un amant
voit en songe sa maitresse ; il décrit les fêtes, les
monuments, les usages de l'antiquité. M. Loubens,
Complément de l'Encyclopédie moderne, t. XII,
p. 719, parle avec enthousiasme de « ce livre pro-
« fond et charmant qui renferme la chevalerie des
« beaux-arts et qui fut, vers la fin du xve siècle, le
« puissant hiérophante de la seconde Renaissance. »
On trouve des copies des figures sur bois dans
Dibdin. *Bibliotheca Spenseriana* et dans Jackson,
Wood-Engraving, p. 267-272, ainsi que dans le
Cabinet de l'amateur, 1861, pp. 362 et 363. Consulter aussi le *Menagiana*, t. IV, p. 609, le *Conservateur*, décembre 1756 ; C. Rosetti, *Il misteria dell'
amor platonica del medio evo* (Londres, 1840, 5 vol
in-8°) t. III, p. 740 et suiv. ; B. Fillon, *Quelques
mots sur le songe de Poliphile*. Paris, 1879, in-4°,
43 pages. Un éditeur parisien, M Liseux, annonce
une traduction complète par M. Cl. Popelin. Le
dernier écrit de Nodier est une nouvelle fort intéressante : *Franciscus Columna*.

DEYRAUX (ANTOINE), de Vienne (Isère).

Il a publié *Découverte de la véritable astronomie basée sur la loi commune aux mouvements des corps;* in-8° de 8 feuilles, plus 2 pl. Imp. de Timon, à Vienne octobre 1855).

On lit en note sur le titre « Cette importante dé-« couverte peut profiter à la navigation, et elle sert « de point de départ pour se rendre compte de tous « les faits astronomiques qu'on voit effectuer aux « corps célestes. — Jusqu'à ce jour, l'origine de « ces faits était ignorée par tous les astronomes « anciens et modernes. »

FRÈRE (JAMES HARTLEY).

Combined view of the Prophecies of Daniel, Exodus and Saint-John, 1814.

En étudiant les prophéties de Daniel, cet illuminé imagina de diviser le IIe chapitre en deux parties ; les 19 premiers versets, s'appliquant au règne d'Antiochus Epiphane, le reste concernait Louis XVI ; Napoléon est évidemment l'Antechrist ; la petite corne, c'est le pape ; une période de 1290 ans, commencée au mois de mars 533, se terminera en mars ou en avril 1823, époque exacte de la destruction totale de la papauté et du rappel des Juifs.

L'année 1823 s'écoula, les évènements annoncés avec tant d'assurance ne se réalisèrent point ; il se remit à étudier Daniel et il découvrit que c'était le fils de Napoléon qui devait être l'Antechrist ; c'est ce qu'il démontra dans un écrit mis au jour en 1826 ; la mort prématurée de ce jeune prince vint détruire cette explication ; Frère ne se découragea point ; il publia en 1833 un nouvel ouvrage destiné à établir que la base de sa théorie restait certaine et que c'était à un membre de la famille napoléonienne que s'appliquaient les prédictions de Daniel.

GAMA MACHADO (J. DU).

Membre de l'Académie des Sciences de Lisbonne, commandeur de l'ordre du Christ, conseiller de légation à Paris ; malgré tous ces titres honorables il faut le ranger parmi les écrivains dont la tête est un peu dérangée ; il avait rempli d'oiseaux un vaste appartement qu'il occupait quai Voltaire à Paris. A force d'étudier les mœurs des volatiles il arriva à formuler un système, une théorie basée sur les moyens de déterminer les dispositions physiques et morales des animaux, d'après les analogies de formes, de robes et de couleurs. Il entre dans les détails les plus étendus sur la couleur des plumes et des becs, et en tire les conséquences les plus étranges. D'après lui, si la parole manque au singe, c'est un avantage pour cet animal, qui a conservé sa pleine liberté.

Bien loin de s'enorgueillir de sa station verticale, l'homme devrait peut-être la maudire. Ces idées, et beaucoup d'autres tout aussi singulières, sont expo-

sées dans la *Théorie des ressemblances* (Paris, 1831
à 1858, 4 parties, in-4°), publiée aux frais de l'auteur; c'est l'œuvre d'un monomane.

GENTIS (S. J.).

Ce personnage a publié à Bruxelles, en 1834,
sans y mettre son nom, une brochure intitulée :

*Une doctrine, ou le chaos remplacera l'ordre,
puis le temps mettra fin à nos aberrations. Dieu,
destinée, équité. Par l'équité accomplir notre destinée, la volonté de Dieu.*

Nous n'avons pas rencontré cette brochure, mais
le titre en dit assez.

HOPE (A.).

Il appartenait à une puissante famille de ban-
quiers hollandais; sa folie, inoffensive d'ailleurs,
consistait à rimer un grand nombre de pièces de
théâtre non représentées, comme l'on peut croire,
et remplies d'étranges singularités. La famille de ce
maniaque détruisait avec soin ces étranges élucubrations, dont le nombre s'élève, dit-on, à plus de
quatre-vingts. Le *Journal de la Librairie* n'en a
enregistré qu'une faible partie. M. de Soleînne avait
à peine réussi à en faire entrer quelques-unes dans
son immense bibliothèque dramatique, dont le catalogue, publié en 1843-45, remplit 5 volumes in-8°.
Quérard, dans la *France littéraire*, t. XI, donne la

liste de ces rapsodies. M. Hope composa même une épopée, *la Franciade*, la seule de ses productions qu'il ait signée de son nom; la plupart du temps il ne se désignait que par les initiales A. H.

HOVERLANDT (ADRIEN-ALEXANDRE-MARIE), de Beauwelaere.

Né à Tournai en 1758, avocat et membre du Conseil des Cinq-Cents. M. R. de Fortsas (lisez M. R. Chalon), a, dans le *Bulletin du Bibliophile belge*, en 1846, consacré une notice curieuse à cet écrivain excentrique « le plus colossal de tous au point de vue des pages qu'il a noircies. »

Après avoir exercé diverses fonctions publiques, Hoverlandt se mit à écrire un *Essai chronologique pour servir à l'histoire de Tournay*; il ne remplit pas moins de *cent dix-sept* volumes in-18, dont trois volumes de tables et un atlas in-folio, publiés de l'an XIII (1805) à 1834.

Hoverlandt était l'homme de l'ancien régime, détestant les idées nouvelles, exécrant les Français qu'il qualifiait de *révoluteurs*; pendant plus de trente ans il fit pleuvoir un déluge de calomnies et d'injures contre ceux de ses compatriotes qu'il accusait de libéralisme; s'il échappa à des poursuites judiciaires, c'est qu'il fut envisagé comme atteint de folie.

Ce n'est pas seulement comme écrivain qu'il se montrait plus qu'excentrique; on parlait à Tournai de ses promenades habituelles dans les rues en costume *presque sauvage* et dans son jardin en *grande tenue du même genre.*

« Dire ce que c'est que ce singulier *Essai* serait « chose difficile. Sans ordre, sans plan, sans rime « ni raison, c'est un ramassis indigeste de documents « connus ou inconnus, imprimés ou inédits, ayant « plus ou moins rapport à l'histoire de Tournay, le « tout entremêlé d'une foule d'histoires, de *cancans*, « de calomnies, d'injures contre les chers compa- « triotes de l'auteur ; il n'oublie personne. Il s'était « fabriqué une espèce d'argot dont il donne la clef « dans sa table des matières ; *Lutèce en Badaudois* « veut dire Paris ; *Sciolus obscurator*, c'est le comte « Lehon, etc. »

M. Chalon transcrit divers passages de l'ouvrage d'Hoverlandt, mais ils sont trop étendus pour être reproduits ici. L'*Essai* a d'ailleurs, indépendamment de son originalité, un grand mérite aux yeux des bibliophiles, celui de la rareté ; c'est tout au plus s'il en existe cinq exemplaires complets.

Horch (Henri).

Archetypus, seu scrutinium naturæ spiritualis et corporalis generaliter spectatæ, Wesel, 1712, in-4°.

Ce personnage à l'égard duquel on n'avait que de vagues renseignements, avant que C. F. Haas, professeur à Marbourg, n'en eût fait l'objet de recherches spéciales consignées dans une notice qu'il publia à Cassel en 1769, in-8°, est né le 11 décembre 1652 à Eschwege (Hesse). Il étudia à Marbourg et à Brême, et il se livra aux rêveries des néo-platoniciens ; il se passionna surtout pour le règne de mille ans, pour le maintien de la nouvelle Sion, et il consigna ses idées extravagantes dans de nombreux écrits qui se succédèrent rapidement. Les uns étaient en latin mêlé de mots grecs (usage en faveur chez quelques pédants de l'époque), d'autres en allemand. Citons seulement le traité : *De Agno in monte Sion* ad Apocal. XIV. 1-15 (Amsterdam. 1694, in-4°). — *Aaron et Melchisedech, seu Euclidis Sacri specimen*. — *Pathmos, h. e. Apocalypsis elucidata*, 1709. — *Le oui et le non ; le non et le oui, le vrai de l'Evangile éternel*, 1721. etc. Il se mêla aussi de prophétiser, et il finit par perdre totalement la raison ; elle lui revint cependant en partie avant la fin de sa carrière Il mourut le 5 août 1729, dans sa 77e année. Consulter d'ailleurs de longs détails donnés par Adelung, t. IV, p. 220-256.

KREUTZER (Acharius).

Moine allemand dont parle Grégoire (*Hist. des sectes religieuses*). Le 27 juin 1803, le tribunal de la Roer à Aix-la-Chapelle, rendit un jugement contre une société secrète ayant le nom d'*État de réparation*, fondée par les filles Affergat et Vogts, dirigée par Kreutzer, du couvent de Duwin. Sous prétexte d'inspirations divines, on se livrait à des désordres fort répréhensibles.

Mayes.

Anglais, qui était domestique au service de lord Belgrave; il publia en 1811, sous le pseudonyme de Thomas Bishop, une tragédie intitulée : *Koranzzis Feast, or the Unfair Marriage*; c'est l'œuvre d'un cerveau dérangé; elle fut imprimée à 150 exemplaires dont 130 périrent dans un incendie. Le volume renferme 16 gravures *us unique as the text*. Nous empruntons ces détails à *l'Hand-book of fictitions names*, by Olpham Harst, Esq. (un pseudonyme, sans doute). *London*, 1868, in-8°, p. 183.

Mirville (J. Eudes de).

Pneumatologie des esprits et leurs manifestations fluidiques. Paris, *Vrayet de Surcy*, 1853, gr. in-8° de 500 pages.

Livre fort excentrique, rempli d'assertions inadmissibles; nous n'avons pas voulu donner place dans notre galerie aux écrivains qu'a inspirés le spiritisme; ils auraient tenu trop de place.

Morin (Simon).

Sept ouvrages divers indiqués au catalogue de la Bibl. Imp. t. X, p. 79, n°s 14856-14861.

On y trouve le procès-verbal de l'exécution de Morin, brûlé vif en la place de Grève, le 14 mars 1663.

Poe (Edgar).

Né en 1811, à Baltimore, mort en 1849, dans la même ville, dans les angoisses du délire alcoolique; conteur et poète du plus grand talent. Il y avait chez lui un fou et un algébriste ; l'idée, l'imagination est étrange, extravagante; le récit net, précis, logique. Son cerveau malade, exalté par l'intempérance, s'attache à des sujets sombres, horribles, bizarres. Poe est bien connu du public français, grâce aux traductions de Baudelaire ; M. Forgues fut le premier à le signaler dans la *Revue des Deux-Mondes*, 15 octobre 1846. Voir aussi la *Nouvelle Biographie générale*, t. XL. 540.

Roullet, libraire de l'Opéra.

Brave homme qui, animé d'excellentes intentions, publia en 1823 une brochure des plus excentriques et qui, au point de vue du ridicule des idées et du style, mérite une place dans notre galerie : *Récit historique des événements qui se sont passés dans l'administration de l'Opéra la nuit du 13 février 1820. Assassinat du duc de Berry* (Paris, P. Didot, 64 pages).

Ce *récit*, par trop naïf, parut fort déplacé; un acheteur mystérieux acheta aussitôt l'édition entière dont il ne s'était répandu que quelques exemplaires et la détruisit. Vingt ans plus tard, on en fit une reproduction autographiée ; en 1862, l'éditeur Poulet-Malassis la réimprima (in-18, 62 pages'. Une incomparable aptitude à saisir les détails les plus insignifiants, une exactitude mécanique à reproduire les choses telles qu'elles se sont montrées à un moment donné, avec toutes les circonstances de temps et de lieu, voilà ce qui caractérise cette production étrange ; il n'existe peut-être rien qui puisse lui être comparé.

WILKINSON (JEMINAH).

Quakeresse américaine, se mit en 1782 à prêcher à Philadelphie ; ses sectateurs la présentèrent comme Jésus-Christ incarné ; elle est morte, mais l'esprit divin est venu animer le corps de la défunte qui est ressuscitée. Femme illettrée mais intelligente et rusée, elle désigna deux de ses lieutenants comme les témoins indiqués dans l'Apocalypse (chap. XI), et elle trouva des sectateurs nombreux. Le duc de la Rochefoucauld-Liancourt en parle avec détail dans son *Voyage aux États-Unis*.

Signalons un mémoire intéressant : *De la valeur des écrits des aliénés au point de vue de la sémiologie et de la médecine légale*, par le docteur J.-V. Marcé, médecin des aliénés de Bicêtre (*Annales d'hygiène*, 2e série, t. XXI, p. 379-396). Il ne s'agit pas précisément dans ce travail d'ouvrages composés par des aliénés, mais des modifications de leur écriture :

« Les idées délirantes sont parfois exposées avec

« beaucoup de netteté et d'entrain. — Bien des ma-
« lades inoffensifs courent le monde, poursuivis par
« des hallucinations ou des idées délirantes, par
« des prétentions littéraires ou scientifiques asso-
« ciées souvent à un affaiblissement intellectuel,
« ils rédigent leurs idées, les livrent à l'impression
« et produisent ainsi des volumes dans lesquels on
« peut suivre pas à pas les progrès de la maladie
« mentale. Ces livres, ces poèmes, ces romans, com-
« poseraient une étrange et curieuse bibliothèque.
« A côté d'ouvrages qui présentent de la suite
« comme l'ouvrage de l'halluciné Berbiguier, il en
« est d'autres qui offrent tant d'incohérences que
« l'on se demande comment l'auteur a pu mener à
« fin l'exécution matérielle. »

Tel est un livre intitulé : *La physiologie réunie
à la physique*, publié en 1857 ; l'auteur raconte dans
sa préface qu'après avoir été atteint de plusieurs
attaques d'apoplexie, il se décida en 1856 à écrire
avec des plumes de bois. Pendant trente ans il
n'avait cessé d'étudier, de dicter une théorie qui se
résume ainsi : *l'attraction n'est qu'une impulsion ;*
cette idée est développée dans un gros volume qui
par ses expériences puériles, incomplètes et sans
but, par ses répétitions incessantes, ses divagations,
indique un affaiblissement intellectuel causé par
une grave lésion du cerveau.

Parfois l'aliéniste constate un singulier mélange
de raison et de folie.

On a cité un littérateur atteint de monomanie

orgueilleuse au plus haut degré et qui, jusqu'à la fin de sa vie, ne cessa d'écrire des lettres et des traités de morale ne présentant aucun vestige de folie.

Il existe en Angleterre des journaux littéraires (*The new Moon*, *The York Star*, *The Opal*, rédigés et imprimés par les malades eux-mêmes dans des hospices d'aliénés. (Voir North Peat, *La littérature des aliénés en Angleterre*, Revue contemporaine, juin et juillet 1863); là se trouvent des œuvres étranges, des discours d'une inégalité choquante; au milieu de pensées folles, on voit poindre des phrases éloquentes; quelques morceaux poétiques, par l'originalité du rythme, par les accents passionnés, charment et étonnent à la fois. Un aliéné, John Clarke, qui déraisonnait dès qu'il écrivait en prose, s'est élevé, dans des élégies mélancoliques, à une rare perfection de style et aux pensées les plus choisies.

M. Marcé signale comme se trouvant à Bicêtre un monomane, ancien bibliothécaire fort instruit qui, s'étant procuré une vingtaine de feuilles de papier, y écrivit ce qu'il appelle son poème; c'est un mélange incohérent de vers grecs, latins et français, les uns dus au malade lui-même, les autres empruntés à divers poètes; la ponctuation et l'accentuation sont pleines de bizarreries, d'expressions nouvelles et créées pour la circonstance, et cependant au milieu de ce fatras, se trouvent des traces nombreuses de l'instruction très réelle du sujet.

M. Marcé donne un fac-simile de l'écriture très nette et très lisible de cet aliéné, et il transcrit littéralement un fragment de son *poème* :

«La Gaeographie est une science-art Fémine-virilienne. Une Linéation Kosmique rationnelle doibt (d'a-près la Proportion Circonf acquate = 2 et attitude aphærig, inter-polarienne = 1/2 Circonf = 1) — être proportionnellement similaire à : — la Linéation de la Sphaire Terrestre Archimédienne-Aurontienne, anc aux Thresors de Sicile et de Byzance, èt depuis' lors' cachée au Vulgaire ; Sphære iumelle de la Sph. coéleste indiciée par Claudian ; Sphære connue et dc Diodore Sicil. èt de Strabon gaeographe. »

C'est avec une affliction sincère qu'au moment de terminer notre travail, nous avons à signaler le décès de M. Octave Delepierre, mort à Londres, le 29 août dernier, à l'âge de 77 ans. Nous avons souvent cité ses recherches sur les *Fous littéraires*, et c'est, grâce à ses encouragements, que nous avons tenté d'aborder le même sujet. Il ne saurait être question de rendre ici justice aux qualités personnelles de M. Delepierre, à son ardeur infatigable pour l'étude, aux services qu'il a rendus à l'histoire, à la bibliographie ; des plumes plus autorisées que la nôtre s'acquitteront de ce devoir.

———

SUPPLÉMENT

Dans un *Bedlam* littéraire bien complet, il faudrait faire une large place aux fous ascétiques et mystiques, tels que les Doré, les Beaulxamis et bien d'autres ; leurs extravagances mystiques ont eu pour la religion des suites fâcheuses.

Entre autres écrits de ce genre, on distingue le *Livre de la toute belle sans pair qui est la Vierge Marie*. Paris, J. Petit (vers 1520, in-8°) ; on y trouve des chapitres bien étranges : *Méditation dévote du nez de la Vierge. — Méditation aux cuisses qui sont force et espérance. — Comment la Vierge est comparée à l'éléphant*, etc.

Nodier (*Mélanges extraits d'une petite bibliothèque*), reproduit un opuscule dû à un capucin et imprimé à Paris en 1678; rien de plus ridicule que ces *Dévotes salutations aux membres sacrez du corps de la glorieuse Vierge Marie* ; elles s'adressent à la Teste, aux Cheveux, à la Face, aux Oreilles, aux Joues, à la Bouche, aux Espaules, aux Bras, aux Mains, à la Poitrine, au Ventre, aux Genoux, aux Pieds.

Un livre en vers : *Dévotes contemplations de Notre-Dame.* (Paris, 1659), renferme des détails d'une naïveté singulière sur les beautés corporelles de la Vierge ; dans un autre ouvrage : *L'Amour triomphant de la croix.* (Paris, 1654), on trouve, p. 13 et suiv., une pièce de vers : *Au ventre glorieux de la Sainte Vierge.*

Il y des étrangetés du même genre dans l'*Epistre de la beauté et estat de la sacrée Vierge Marie,* par d'Auriol. (Tolose, 1520). M. Ch. Nisard (*Livres populaires*, II, 48), cite une salutation aux membres de la Vierge ; M. Péricaud *(Lyon sous Louis XIII,* p. 75), transcrit quelques passages semblables empruntés à un volume publié à Lyon, en 1615 ; nous trouvons dans le *Recueil des travaux de la Société de l'Eure*, 1841, p. 411, des citations d'un livret, sans lieu ni date (vers 1510) ; *De vita et beneficiis Salvatoris nostri,* où figurent de nombreuses oraisons *ad membra Xrti.*

Entre autres excentricités ascétiques, on peut mentionner les ouvrages suivants recherchés par les bibliophiles, quoique le sel du titre de ces productions se retrouve rarement dans le texte : le *Désert de la dévotion* (vers 1530), le *Chante-pleure d'eau vive,* 1532, le *Droguier de l'âme chrétienne,* par F. de Neufville, 1577 ; l'*Oreiller spirituel,* par P. Dumont, le *Pressoir mystique,* par J. d'Intras, la *Tablature spirituelle des officiers de la couronne*

de Jésus, 1621, etc. N'oublions pas le *Quadragési-
mal spirituel*, *c'est à savoir la salade*, *les feubues
frites*, *les pogs passez*, *la purée*, *la lamproye*, *les
prunaulx*, *les amandes*, *le miel*, *le vin blanc et
rouge*... (Le titre tout au long de ce livre étrange
imprimé à Paris, vers 1521, se trouve dans le
Manuel du libraire, IV, 994; un bel exemplaire a
été adjugé à 375 fr., vente J.-Ch. Brunet en 1869.

Puisque nous parlons des singularités de ce
genre, nous devons une mention à un opuscule de
4 feuillets; *le Moutardier spirituelle* (sic) *qui fait
esternuer les ames dévotes constipées dans la dévotion avec la Seringue du même autheur*. Cologne,
P. Marteau, s. d. Ce titre fait à plaisir sert d'étiquette
à une facétie plus grossière que spirituelle : *La Suc-
cession* (sic) *de Roger-Bon-Temps*; M. J. Ch. Brunet en possédait un exemplaire compris dans un
recueil en trois volumes de pièces fort rares, inscrit
n° 478 et acheté au prix de 2,400 francs, par un
amateur bordelais, M. H. B. Cette facétie a été
insérée dans *la Bibliographie des livres relatifs à
l'amour... par le C. d'I****, t. III, p. 139.

M. Brunet convient qu'il n'a jamais pu rencontrer (et nous n'avons pas été plus heureux que lui,
malgré de longues recherches) deux productions ascétiques à titres plus qu'étranges; *la Tabatière spirituelle pour faire esternuer les âmes dévotes vers le
Sauveur*, et *la Seringue spirituelle pour les âmes
constipées en dévotion*; il parait cependant que ce ne
sont pas là des livres imaginaires, car Peignot les

cite dans la *Notice* de ses ouvrages(Paris, Crapelet, 1830, in-8°, VII et 52 ; pages) il rapporte même, p. 42, un passage de *la Seringue.*

Cette notice, ayant été tirée à petit nombre, et ne se trouvant pas facilement, nous croyons devoir transcrire ce passage, dans lequel l'auteur apostrophe, p. 180, les dames qui mettent du fard :
« Vilaines carcasses, cloaques d'infection, bourbiers
« d'immondices, n'avez-vous pas honte de vous
« tourner et retourner dans la chaudière de l'amour
« illicite et d'y rougir comme des écrevisses lors-
« qu'elles cuisent pour vous faire des adorateurs ?
« Du reste, il est juste que des visages qui ne
« savent plus rougir de pudeur, rougissent au moins
« par artifice, mais puisque vous avez voulu imiter
« les écrevisses, comme elles vous irez à rebours
« dans la voie du ciel. »

En relisant notre travail, nous nous souvenons de bien des fous qui devraient figurer dans notre galerie. Nous aurions à mentionner le fougueux janséniste Carré de Montgeron, qui écrivait de gros volumes en l'honneur des miracles du diacre Pâris, et Théodore Desorgues, écrivain fort oublié de nos jours, bossu plein de verve que Nodier appelle « le premier poète lyrique de la Révolution » en ajoutant qu'il mourut à Charenton « aussi sain d'esprit que peut l'être un poète lyrique » ; M. Asselineau lui a consacré une curieuse notice (Caen, Hardel, in-8°, 24 pages); « j'ajoute peut-être, » dit-il, « un article à la biographie des fous. »

Nous aurions tort de ne pas mentionner le livre de M. Adolphe Saisset : *Dieu et son homonyme.*

Les résultats de cette nouvelle exégèse sont aussi singuliers qu'inattendus. M. S. croit avoir découvert que le Dieu de la Genèse n'est pas le même que le Dieu de Moïse. Il a trouvé le véritable emplacement du paradis terrestre qu'il met dans le Thibet. Adam était un mandarin Chinois, et le Dieu qui conversait avec Adam n'était autre que l'empereur de la Chine.

Un journal fort connu, *le Figaro,* parlait d'un personnage qui a voulu jouer un rôle politique, M. Guyot-Montpayroux, aujourd'hui confiné dans un hospice d'aliénés ; il cite des passages d'un écrit que ce malheureux présente comme lui ayant été dicté par Dieu lui-même.

F I N